KB116415

이 책을 먼저 읽은 편집자들의 기대평

책은 영원히 사라지지 않을 미디어다. 책을 사랑하는 자이자, 편집자로서 입지를 굳힐 신입
편집자에게 1부터 10, +'α'를 일러주는 책!

정수빈(예비편집자)

무엇을 해야 할지 막연한 예비편집자들이 준비해야 할 것들, 편집자가 해야 할 일 등을 구체
적으로 엿볼 수 있는 책이 나온 것 같아 기대된다. 출판사 진입 전까지 이 책으로 공부하고
싶다. 이 책을 통해 '예비'를 떼고 정식 편집자가 되기 위해 노력하겠다.

김혜선(예비편집자)

한 권의 책 같은 편집자의 인생을 시간의 흐름에 따라 정리한 도서다. 모두 읽은 후 어느 한
편집자와 사계절을 함께한 기분이었다. 한 권의 책 같은 사람이 되자.

김도희(예비편집자)

한 걸음 내딛기 어려운 새내기 편집자를 위한, 하늘에서 내려온 동아줄 같은 책이다.

이혜지(신입편집자)

편집자의 일이 궁금한 예비편집자, 아직 업무가 낯선 신입편집자들의 책장에 꼭 있으면 좋을
만한 교과서 같은 책이다. 막 수습 기간을 끝낸 저에게는 실무에서 간략하게 설명만 들었던
것을 정리된 내용으로 볼 수 있어 좋았다. 앞으로도 업무를 해나가면서 한 번씩 꺼내볼 책이
될 것 같아 든든하다.

바다(신입편집자)

이런 선배가 있다면 일할 맛 나겠다! "이것도 모른다고?"라는 반응이 예상되어 감히 하지 못
했던 질문들에 답해주는 책이다. 차례만 보면 뻔하다 느낄 수 있지만, 읽다 보면 '아~' 하게

되는 디테일한 꿀팁이 쏠쏠하다. 이 책에서 두드러지는 장점은 편집자를 준비하는 사람들을 위한 1장이다. 미래의 후배들이 겪지 않아도 될 이불킥을 줄여주고자 하는 배려가 느껴진다.

S(신입편집자)

어쩌다 보니 4년 차가 되었다. '거인의 어깨 위에 올라서라'라는 말처럼, 이 책을 통해 35년 거인의 시야를 빌려 더 먼 곳을 바라볼 수 있었다. 예비편집자는 실무를 간접적으로 경험할 수 있고, 경력편집자는 자기 일을 돌아볼 수 있는 계기가 될 것이다. 출판사 스터디 교재로 추천!

임승빈(이지스퍼블리싱 경력편집자)

임신과 출산, 육아를 하며 외주로 진행하던 작업마저 멈춘 지 1년쯤 되어가는 경력 단절 편집자다. 『편집자가 되기로 했습니다』를 읽으며 그동안 가치 있는 일을 해왔다는 생각에 위안을 받았다. 나아가 편집자뿐 아니라 출판업에 관한 A to Z가 담긴 이 책과 함께라면 다시 시작할 수 있겠다는 용기를 얻었다.

박현주(경력편집자)

출판인이 되니 이제야 편집자가 PD 같은 존재임을 알게 됐다. 원고부터 출간까지 진두지휘하는 편집자의 일을 이 책을 통해 배우고 싶다.

김제인(미래의창 출판마케터)

이 책은 왜 이제야 나온 걸까? 출판사 입사를 준비하며 오랫동안 헤맸던 과거의 내게 선물하고 싶다!

예로니카(G출판사 마케터)

편집자가
되기로
했습니다

일러두기

- 여기서 다루는 책은 단행본이며, 그중에서도 인문교양서이다.
- 저자, 작가, 필자, 지은이는 저자로 통일했다.
- 우리말 표기는 국립국어원 『표준국어대사전』에 따랐다.
- 복합명사와 보조용언은 붙여 쓰는 것을 원칙으로 삼았다.
- 편집자가 되고자 준비하는 이를 예비편집자, 갓 출판사에 입사한 이를 신입편집자로 통일했다.
- 책이나 잡지는 겹낫표(『』), 영화나 드라마 제목은 낫표(「」)로 표기했다.
- '우리말 바로 익히기와 우리말 테스트', '이 책의 탄생기록'과 '이 책의 보도자료'는 출판사 블로그에 실었다. 아래 QR 코드로 확인하자.

우리말 바로 익히기와
우리말 테스트

이 책의 탄생기록

이 책의 보도자료

예비편집자 생존 매뉴얼

편집자가

되기로

35년 베테랑이 전하는 강력한 첨삭지도

했습니다

배경진 지음

책이라는신화
BOOK OF LEGEND

"인생이모작은 목수로 하련다." 한 선배가 조용히 말했습니다. 컴퓨터와 교정지와 혼연일체가 되어 편집의 장인으로 살아온 그는 이제 몸을 쓰는 직업을 갖고 싶다는군요. 저는 혼자 미소를 지었습니다. 책-종이-나무. 결국 나무에서 못 벗어나시는군요…….

평생 나무의 은혜로움에 힘입어 출판업에 종사하다 퇴직한 어느 날 책꽂이를 정리했습니다. 빼곡한 책들 곁에 몇 권의 노트로 남은 편집일지에 오래도록 시선이 머물렀습니다. 참 오랫동안, 다양하게, 많이도 만들었더군요. 늦은 밤까지 그러고 있다가 문득 이대로 묻혀버릴 자료가 아깝다는 생각이 들었습니다. 출판계에 입문하고 싶지만 방법을 모르는 후배, 입사는 했지만 무엇을 어떻게 공부해야 할지 몰라 서성이는 후배들을 위해 정리 한번 해볼까. 출판 현장에서 오래도록 실무를 경험한 사람만이 할 수 있는 이야기를 그들의 눈높이에서 전하기로 한 거지요. 그리하여 이 책을 썼습니다. 다만 제 경험을 토대로 글을 썼으므로 서술한 내용이 모든 출판 현장에 적용된다고 할 수는 없습니다. 독자들께서는 이 점을 헤아려주시기 바랍니다.

이 책이 출판을 직업으로 삼기를 원하는 예비편집자에게는 입문 방법을 알려주는 안내서가, 신입편집자에게는 기초부터 시작해 출판의 전체 흐름을 짚어주는 안내서가, 출판에 입문하고 정신없이 2~3년을 지낸 편집자에게는 자신의 분야를 되돌아보는 안내서가 되기를 바랍니다. 또 중견편집자가 신입편집자에게 일독을 바라는 추천서였으면 합니다. 그 밖에도 온라인 출판이나 1인 출판을 준비하거나, 기업의 사보나 잡지, 종교계에서 소식지를 만들거나, 대학에서 학과나 동아리의 소식지를 만들거나, 공공기관의 월간지를 만드는 분들이 활용할 수 있는 지침서가 되기를 바랍니다.

책의 구성은 이렇습니다. 1장은 출판계 진입을 꿈꾸는 예비편집자를 위한 정보에 초점을 맞추었습니다. 2, 3장은 출판계에 입문한 신입편집자가 현장에서 바로 활용할 수 있도록 실무적인 면에 초점을 맞추었습니다.

1장 예비편집자를 위하여 온전히 한 장을 예비편집자에게 할애했습니다. 편집자의 주요 업무, 출판사의 부서별 구성, 신입을 잘 뽑지 않는 이유 등 그들의 궁금증을 20가지 질문과 답변으로 정리했습니다. sbi나 한겨레교육 등 편집자 양성기관, 대학 재학 시의 준비, 입사의 첫 관문인 이력서·자기소개서 쓰는 방법, 진정성과 자신감을 드러내는 면접 준비 등을 다루었습니다. 마지막의 출판·편집에 도움이 되는 책은 편집자라면 꼭 한번 읽어보기 바랍니다.

1장에서 특히 강조한 부분은 자기소개서 쓰기입니다. 출판계로 진출하고자 하는 이들이 가장 낯설어하고 어려워하는 요소이지만 자기소개서가 통과되지 않으면 면접의 기회조차 오지 않을 만큼 아주 중요합니다. 자기소개서를 쓰는 일반적인 방법을 설명한 다음, 예비편집자가 직접 작성했던 자기소개서를 싣고 나서 장단점을 꼼꼼히 지적했습니다.

2장 편집의 기초를 위하여 드디어 편집자가 되었습니다. 출판 용어는 낯설고 아직 팀장에게 묻기는 망설여지는 신입편집자를 위해 원고를 읽는 법부터 시작해 본문과 표지의 구성, 판형과 판면의 차이, 교정을 잘 보는 법, 책 제목 짓는 법 등을 실었습니다. 마지막으로 종이·인쇄·제본 등 제작의 전 과정을 그들의 수준에 맞춰 설명함으로써 신입편집자 혼자라도 실무를 잘 헤쳐나갈 수 있도록 했습니다.

3장 편집의 실무를 위하여 편집자로서 실력을 한 단계 높여야 할 때입니다. 이제는 편집자로만 머물지 않고 기획편집자가 되어야 하는 이유, 출판계약서 쓰기, 저작권이란 무엇인가, 기자 눈에 띄는 보도자료 쓰기, 나날이 치열해지는 마케팅 계획 세우기 등을 다루었습니다.

EDITOR'S TIP 예비편집자와 신입편집자에게 활용도가 높은 내용을 팁박스로 처리했습니다. 예를 들면 내게 딱 맞는 출판사 찾기, 이력서 쓰는 법, D-7 2차 면접 준비하기, 교정·교열의 베테랑이 되는 법 등.

예비편집자의 출판사 합격수기 예비편집자가 어떤 과정을 거쳐 출판사에 합격을 했는지 실제 수기를 실었습니다.

예비출판인의 면접후기 예비출판인은 면접을 어떻게 준비해야 하는지 구체적인 사례를 실었습니다.

이 책에 대한 정보 원고 집필기간, 원고 매수, 본문과 표지의 스타일, 종이의 종류, 인쇄 도수 등 이 책에 대한 모든 정보를 담았습니다. 독자도, 편집자도 한 권의 책이 어떤 사양들로 채워지는지 알 수 있을 것입니다.

편집자에게 필수요소인 '우리말 바로 익히기와 우리말 테스트', 기획편집자뿐만 아니라 책 쓰기에 도전하는 분들에게도 유용한 '이 책의 탄생기록', 그리고 '이 책의 보도자료'는 두께를 감안하여 이 책에는 싣지 않고 출판사의 블로그에 올려두었습니다. 「일러두기」에 있는 QR 코드로 확인하기 바랍니다.

어느 모임에서 김소담 작가를 만났는데, 인사를 나누자마자 책 한 권을 조심스레 내밀었습니다. 한길그레이트북스 81권 『예루살렘의 아이히만』이었습니다.

"어떻게 이 책을?" 의아해하며 물었지요.

"제가 그레이트북스 팬이거든요. 집에 몇 권 가지고 있는데, 선생님이 책임편집자였다는 말을 듣고 사인을 받아 가려고요."

순간 뭉클했습니다. 박봉에, 연장업무에, 치열한 하루하루……. 가슴 한쪽에 얹혔던 무언가가 거짓말처럼 녹아내렸습니다. 한길사는 베스트 셀러도 많지만 무엇보다 스테디셀러의 강한 힘을 믿는 출판사입니다. 그 안에서 묵묵히 일했던 나, '시간을 이기는 책'을 만든다는 자부심에 버 텨온 지난날을 보상받는 순간이었다고나 할까요.

평생 무엇엔가 몰두한 사람과 그렇지 못한 사람은 생의 밀도에서 크 나큰 차이가 난다지요. 오롯이 한 가지 직업, 그중에서도 책 만드는 일 을 35년 동안 할 수 있었음을 감사하게 여깁니다.

좋아하는 것이 일이 되었을 때의 괴로움도 있습니다. 또 출판계의 미 래는 결코 녹록지 않습니다. 그렇다 하더라도 여러분은 책을 좋아하는 마음을 건강하게 단련해, 만드는 한 권, 한 권이 이력이자 보람인 편집 자가 되기 바랍니다.

2022년 12월

일산 아람누리도서관에서

배경진

차례

2장 편집의 기초를 위하여

3장 편집의 실무를 위하여

1장
예비편집자를
위하여

책을 좋아해서
편집자가 되고 싶긴 한데…….

편집자는 어떻게 되는 거지?

막막하다, 막막해.

하지만……

편집자가 되고 싶다는 마음부터가
이미 시작된 게 아닐까?

예비편집자가 궁금해하는
Q&A 20

출판사에는 여러 부서가 있습니다. 편집부, 디자인부, 제작부, 마케팅부, 관리부. 그중에서도 여러분은 편집부에서 일을 하는 '편집자'라는 직업이 궁금해 이 책을 집어 들었습니다. 과연 편집자는 어떤 일을 할까? 전공은 채용에 영향을 미칠까? 연봉은 어느 정도일까? 외국어는 능통해야 할까? 자격증은 무엇이 필요할까? 여러 가지로 궁금한 것이 많을 테지요. 그래서 예비편집자가 가장 궁금해하는 질문 20가지를 뽑고 답변했습니다.

Q1 편집자는 어떤 일을 하나요?

A1 저자가 보내온 원고를 검토한 후 본문 디자이너에게 판면 구성을 의뢰하고, 교정을 보고, 제목을 결정해 표지 디자인을 의뢰합니다. 제작

사양을 결정해 제작의뢰서를 쓰고, 제작일정을 점검합니다. 신간 입고 전 보도자료를 써서 언론사나 서점에 홍보를 합니다.

그러나 이제는 다채로운 영상매체의 출현, 소량 판매 다품종 생산, 다양한 홍보매체의 발달로 편집자의 일과 역할의 범위가 훨씬 넓어졌습니다. 현대의 편집자는 기획자, 제작자, 디자이너, 마케터, 프로듀서가 되어 타 부서와 업무를 조율하고 협업을 통해 모두 만족할 수 있는 결과를 끌어낼 수 있어야 합니다. 즉 편집자에서 기획편집자로 변신해야 할 때인 것입니다.

Q2 대학이나 대학원 전공, 학점이 채용에 영향을 주나요?

A2 대학에서 무엇을 전공했는지는 중요하지 않습니다. 간혹 국문과 출신을 선호하는 곳이 있습니다만, 그보다 출판인으로서의 자질을 가장 중요하게 여깁니다. 석사, 박사학위도 큰 영향을 주지는 않습니다. 다만, 학점이 뛰어나면 눈여겨봅니다.

TIP 출판인으로서의 자질을 키우는 문제는 1장 3절 「예비편집자는 어떤 준비를 해야 할까」를 참조하자.

Q3 출판사 채용 시 대학원의 석사·박사과정을 마친 사람이나 군 필자에게 가산점이 있나요?

A3 출판사의 내규에 따라 다릅니다. 석사과정을 마치면 연봉에 5퍼

센트, 박사과정을 마치면 연봉에 10퍼센트를 더하는 곳도 있습니다. 군 필자에게 5퍼센트를 더하는 곳도 있습니다. 입사가 확정되어 근로계약서를 쓸 때 반드시 확인하기 바랍니다.

Q4 외국어는 업무에 어떤 도움이 되나요?

A4 출판물은 크게 국내 저작물과 국외 저작물로 나닙니다. 그 비율은 대략 7 대 3 정도입니다. 국외 저작물은 나라별로 봤을 때 일본, 미국, 영국, 중국, 독일, 프랑스 순으로 번역 출간됩니다. 그 가운데 일본 저작물은 번역서의 40퍼센트 이상을 차지합니다. 교보문고의 도서분류 기호를 보면 C는 일본서적, D는 외국어입니다. 일본서적이 한 가지 기호를 차지할 만큼 비중이 크다는 것을 뜻합니다.

외국어를 잘하면 편집 업무에 큰 도움이 되며, 특히 일본어와 영어에 뛰어나면 편집자로서 강점을 지닌 것입니다. 번역서의 오탈자나 오류를 잡아낼 수 있고, 본문이나 표지에 쓰이는 사진·그림 자료를 원서에서 골라 적재적소에 사용할 수 있습니다. 저작권체결 시에도 유용합니다. 간혹 외국에 거주하는 저자가 우리나라를 방문하는 일도 있는데, 담당자가 외국어에 능통하다면 그를 에스코트해 행사를 무난히 치를 수도 있습니다. 독일, 이탈리아, 중국, 일본 등 해외 국제도서전에 차출되어 나갔을 때 저작권을 직접 체결해 올 수도 있습니다.

Q5 각종 자격증은 어떻게 준비할까요?

A5 응시자의 이력서를 받아보면 참 다양한 자격증에 도전했더군요. 한국어능력시험, 한국사능력시험, 외국어능력시험, 한자급수시험, ITQ 정보기술자격시험, 컴퓨터활용능력시험. 여기에 엑셀, 파워포인트, 포토샵, 일러스트, 컬러리스트, 인디자인을 위한 자격증 등.

예비편집자들은 자격증 취득을 앞두고 갈등을 느낍니다. "자격증은 몇 개나 따야 하지?" "선배 편집자들은 자격증을 얼마나 실무에 활용하고 있지?"

자격증 취득에 너무 많은 시간과 비용을 들일 필요는 없지만, 자격증은 취업을 위해 열심히 준비한 흔적으로 보기도 하므로 편집자로서 꼭 필요하다고 판단되면 따는 게 좋습니다.

Q6 임프린트는 무엇인가요?

A6 책의 맨 끝 혹은 첫장에 인쇄 및 발행 날짜, 저작자·발행자의 주소와 성명 따위를 인쇄한 부분을 '판권'이라고 합니다. 판권에 간혹 '저희 B사는 A사의 임프린트입니다'란 글귀가 있습니다. 여기서 임프린트는 간단히 말해 기업 내부의 소사장제도라 보면 됩니다. 임프린트 회사는 모회사와 독립된 출판 브랜드를 운영하는데, 본사에서 공간이나 일정한 자본을 대고 수확물을 나누어 갖는 시스템입니다. 단독으로 출판사를 차리려 하지만 리스크 등 여러 가지 문제를 고려해 선택을 합니

다. 임프린트 회사가 잘되면 독립해 나가는 경우도 있습니다.

TIP 1장 7절 「우리나라에 출판사는 몇 군데나 될까」 중 '모회사, 자회사, 임프린트' 부분을 참조하자.

Q7 내게 맞는 출판사는 어떻게 찾을까요?

A7 책의 판권에는 출판사의 집약적인 정보가 정리되어 있습니다. 대표, 편집자, 디자이너, 마케터, 제작, 총무 등의 인원을 세어 보고 어느 정도 규모의 회사인지를 파악합니다. 출판등록 연도를 확인하면 출판사의 역사를 알 수 있습니다.

서울국제도서전, 파주북소리, 서울와우북페스티벌 등에 참가해 각 출판사의 성격을 파악해보는 것도 좋은 방법입니다.

도서목록을 구해 그간 어떤 책을 냈는지 살핍니다. 1년에 몇 권을 출간하는지, 출간하는 책의 질은 어떠한지를 체크합니다. 문학, 에세이, 경제경영, 학술, 아동, 라이프스타일(가정·육아·여행·건강·취미·스포츠·요리 등) 분야 중 어떤 책을 주로 출간하는지 살펴 내게 맞는 출판사를 찾습니다.

단, 구인 사이트에 너무 자주 오르내리는 곳은 이직률이 높다는 반증이므로 피하는 것이 좋습니다.

TIP 1장 1절 EDITOR'S TIP '내게 딱 맞는 출판사 찾기'를 참조하자.

Q8 내가 원하는 출판사 vs 구인공고가 난 출판사, 어떻게 선택할까요?

A8 일반 기업처럼 출판사 취업난도 심각합니다. 구인공고가 좀처럼 나지 않는데, 선택의 여지가 있을까요? 무조건 응시하라고 권유하겠습니다. 경력 1~2년 차를 구하는 경우라면 경력이 전무한 사람에게도 문이 열려 있다고 볼 수 있습니다. 그러니 장점을 최대한 어필한 서류를 제출한 다음, 면접을 충실하게 준비해 출판사에 일단 입사하는 것도 한 가지 방법입니다. 출판 경력을 쌓은 후 원하는 출판사로 옮길 수도 있으니까요.

한 편집자는 어학교재를 전문으로 하는 출판사에 입사한 다음 경력을 쌓아 인문교양서를 내는 출판사로 옮겼습니다. 또 한 편집자는 실용서를 편집하다 인문교양서로, 다시 문학서적을 담당하는 편집자가 되었습니다.

물론 같은 분야가 아닐 경우 이직이 말처럼 쉽지 않고, 같은 분야가 아니라는 이유로 경력이 깎이는 단점도 있다는 현실을 감안해야 합니다.

따라서 첫 직장을 선택할 때 성인도서 출판사를 원하는지, 아동도서 출판사를 원하는지 정도는 결정해야 합니다. 아동도서에서 성인도서로 이직할 수는 있으나 워낙 성격이 달라 옮기기가 쉽지 않습니다.

Q9 왜 신입편집자를 잘 뽑지 않나요?

A9 출판사에서 편집은 오래전부터 선배가 사수가 되어 후배를 가르치는 식으로 이어져 왔습니다. 도제식이라고나 할까요. 요즘 출판은 소량 판매, 다품종 생산을 합니다. 다품종 생산은 그만큼 경쟁이 치열해진다는 뜻입니다. 중견편집자는 이전과 같은 업무 태도로는 버틸 수가 없습니다. 편집뿐 아니라 기획, 마케팅 부문으로 업무가 확장되었다고 봐야 합니다. 중견편집자는 이제 후배를 가르칠 시간이나 심적 여유가 없습니다. 그러므로 출판사들은 입사해서 바로 일할 수 있는 인재를 필요로 하는 겁니다.

Q10 파주출판단지에는 몇 군데의 출판사가 입주해 있나요?

A10 파주출판단지의 공식 명칭은 파주출판문화정보산업단지입니다. 1·2단계 사업단지에는 원계약 입주사와 임대 입주사 포함, 400여 군데의 출판사가 입주해 있습니다.

출판사에서 책을 만들어 바로 옆 인쇄·제본소에서 제작을 거친 후 출판물 종합유통센터를 통해 전국 독자들에게 빠르게 책을 공급할 수 있는 원스톱 체제입니다. 이외에도 영상산업 및 소프트웨어 개발 및 공급업체 등이 입주해 있습니다.

단지 내 도서관인 '지혜의숲'에서는 저자 강연회나 출판 관련 행사가 종종 열립니다. 출판산업과 관련된 직업(저자, 편집자, 디자이너, 마케터 등)을 다양한 체험 공간에서 만날 수 있는 출판산업체험센터도 있습니다. 네이버에서 '파주출판도시'를 검색해 활용하기 바랍니다.

Q11 편집자는 어떤 경우에 외근을 하나요?

A11 편집자는 대부분 회사 안에서 근무를 하지만 외근도 종종 합니다. 대학 연구소나 집필실, 혹은 카페에서 저자와 미팅을 갖습니다. 이외에도 저자의 방송출연에 동행하거나 저자의 시상식, 강연회, 출판기념회 등에 참석합니다. 언론사를 방문해 기자를 만나 신간을 전달하며 홍보하는 것도 중요한 외부 업무 중 하나이고요. 인쇄소에 가서 감리를 보거나, 제작자와 제본소에 동행하는 일도 있습니다. 흔하지는 않지만 오디오북 녹음실을 방문하기도 합니다. 물류창고에 가서 자신이 실수한 책에 정오표를 끼우거나 스티커 작업을 하는 일도 있습니다.

Q12 편집자의 연봉은 얼마나 되나요?

A12 출판사의 규모를 한번 봅시다. 5인 이하, 10인 내외, 30명 내외, 100명 내외, 그 이상. 이번엔 출판사의 종류를 한번 봅시다. 경제경영, 실용, 인문과학, 사회과학, 기술과학, 학습참고, 아동 등 실로 다양합니다. 회사의 규모와 종류에 따라 연봉은 천차만별입니다. 그래도 얼마나 받는가는 예비편집자들이 가장 궁금해하는 사안 중 하나이지요. 대략 신입의 연봉은 2,000~3,000만 원 정도로 보면 됩니다. 1년에 한 차

례 연봉협상을 합니다. 개인성과에 따라 인센티브를 적용하는 곳도 있습니다. 전년 대비 매출액이 향상되면 연봉은 오르지만, 매출상황이 좋지 않으면 동결시키는 예도 있습니다. 3개월 수습 기간에는 70퍼센트를 주다가 그 기간이 끝나면 전액을 주는 회사도 있습니다.

Q13 출판사의 남녀 구성비는 어떻게 되나요?

A13 여성의 비율이 높습니다. 여성 특유의 섬세함이 책을 만드는 데 크나큰 장점으로 작용하는 것이 아닐까요?

Q14 편집자의 연령과 승진은 어떻게 되나요?

A14 최근 신입의 취업 연령은 여성 20대 후반, 남성 30대 초반으로 늦춰지는 추세입니다. 입사 3년 차 정도면 대리로 승진합니다. 과장, 차장, 팀장을 거쳐 10년 이상 경력을 쌓으면 편집장, 편집부장 혹은 주간이 됩니다. 일반기업보다는 연공서열이나 연차를 중시하는 편입니다. 최근에는 업무성과나 담당 도서의 판매 결과를 승진 여부에 반영하는 곳이 차츰 늘어나는 추세입니다.

Q15 출판사의 각 부서는 어떻게 구성되나요?

A15 출판사마다 조금씩 다르지만 크게 보아서 대표, 경영진, 편집부, 디자인부, 제작부, 영업부, 관리부로 구성됩니다. 요즘은 영업부를 온라

인 마케팅과 오프라인 마케팅으로 분리하는 추세입니다. 물류부는 창고의 도서를 관리하는 부서입니다. 규모가 큰 곳에서는 전자책이나 저작권을 다루는 부서가 따로 있습니다.

편집부는 다시 한국문학팀, 해외문학팀, 비문학팀, 에세이팀, 실용팀, 경제경영팀, 인문팀, 아동팀, 주니어팀, 시니어팀 등으로 세분됩니다.

소규모 출판사에서는 교정·교열과 디자인을 외주로 주거나 편집부 혹은 오프라인 마케팅부에서 제작을 겸하기도 합니다.

최근 출판사에서는 사내 명칭에서도 새로운 변화를 꾀합니다. 마케터=커뮤니케이션 플래너, 마케팅팀=콘텐츠기획팀=소통지원팀≒브랜딩팀, 관리부=경영지원팀, 해외저작권팀=해외기획팀=국제업무팀, 전자책 부서=디지털콘텐츠부 등으로 말이지요.

Q16 책의 일생이 궁금해요.

A16 보통은 초판을 1,000~2,000부 정도 찍습니다. 신간은 대한출판문화협회에 4부를 납본합니다. 대한출판문화협회에 1부가 남고, 국립중앙도서관, 국회도서관, 문화체육관광부로 납본됩니다. 그다음엔 각 출판사의 창고나 물류회사를 통해 시내 대형 서점이나 온라인 서점, 혹은 총판을 통해 작은 서점에 출고됩니다. 출고 후 독자 반응이 즉시 감지되면 재판 1,000부 정도를 찍습니다. 물론 베스트셀러가 되면 수만 부, 수십만 부를 찍지요. 신간이 구간이 되고 독자의 반응이 없으면 반품되어 각

사의 물류창고로 돌아옵니다. 반품도서는 손질을 거쳐 독자의 손으로 나가기를 기다리다 오래되면 파지로 팔립니다. 100g당 얼마 하는 식인, 우리가 상상하는 것 이상으로 싼 가격, 그냥 파지가격입니다. 반품률 제로, 재고율 제로의 책을 만드는 것이 편집자의 목표이자 의무겠지요.

Q17 한 권의 책은 몇 명의 손을 거치나요?

A17 출판사 내부인력을 먼저 볼까요? 저자나 번역가의 원고를 제일 처음 접하는 편집자를 시작으로, 저작권 담당자, 본문 디자이너, 표지 디자이너, 제작 담당자, 온라인·오프라인 마케터, 출판관리자, 물류창고 직원이 있습니다.

외부 인원을 볼까요? 서체 개발자, 디자인 프로그래머, 종이회사·인쇄소·제본소·물류회사 종사자, 온라인·오프라인 서점의 MD, 릴리스 업체 직원, 에이전시 직원, 출판평론가, 언론사의 출판담당 기자 등등.

대략 몇 명이나 될까요? 수십, 수백 명은 되지 않을까요? 이렇듯 한 권의 책은 편집자와 저자의 기획에서 씨앗이 발아해 수많은 사람의 손을 거친 다음 독자의 손에 가닿습니다.

Q18 전자출판이란 무엇인가요?

A18 '전자출판'이란 컴퓨터를 이용하여 종이책과 전자책을 만들어내는 일련의 과정을 말합니다. 종이책을 출판할 때는 편집·조판·교정·교

열 등의 공정뿐 아니라 책의 제작까지 컴퓨터를 활용하고 있습니다. 그리고 전자책이라 하면 PDF나 e-pub 형식의 파일을 유통하여 개인의 단말기에서 책을 볼 수 있도록 하는 것입니다. 유통의 관점에서는 오디오북을 전자책으로 보기도 합니다.

Q19 e-book과 오디오북의 전망은 어떻게 보나요?

A19 e-book과 오디오북은 디지털 출판 가운데 가장 대표적인 유형입니다. 디지털 출판은 디지털 미디어를 이용하여 문자나 이미지 정보를 편집, 출판, 배포하는 일이며, 오프라인형과 온라인형으로 나뉩니다. 전자는 개별 매체에 정보를 수록하고, 후자는 통신망을 이용합니다. 오프라인의 대표적인 유형으로는 CD-ROM, 전자교과서 등이, 온라인의 대표적인 유형으로는 e-book과 종합유선방송, 비디오텍스, 전자신문 서비스 등이 있습니다. e-book은 경제경영서나 과학서 등에서 빛을 발하는데, 검색과 스크랩, 마킹, 페이지 이동 등 다양한 기능을 수행할 수 있기 때문입니다. 오디오북은 시나 소설, 가벼운 에세이, 혹은 아동도서에 많이 활용됩니다.

우리나라에 e-book이 처음 등장했을 때 폭발적인 수요를 전망했지만 현재는 전체 서적 판매량의 10퍼센트 미만입니다. 오디오북은 그보다 훨씬 못 미칩니다. 그러나 정부에서는 e-book과 오디오북 제작에 지원을 아끼지 않으며, e-book의 구현이 가능한 매체가 날로 다양해지는 것으로 보아 디지털 출판은 그 성장세가 더욱 도드라질 것으로 전망합니다.

Q20 한글맞춤법과 띄어쓰기는 잘해야 하나요?

A20 편집자는 우리말을 다루는 사람입니다. 한글맞춤법, 띄어쓰기, 외래어표기법은 기본적으로 숙지해야 합니다. 면접 시 한글맞춤법에 관해 묻거나 시험을 보는 곳도 있습니다. 출판계 입문을 결정했다면 두고두고 참고할 만한 책을 한 권 선정해 틈틈이 들여다보기를 권합니다.

TIP 「참고문헌」 중 '우리말에 대한 책'을 참조하자.

내게 딱 맞는 출판사 찾기

1단계. 좋아하는 책이 무엇인지 파악하기

자신이 주로 어떤 책을 사고, 어떤 책을 흥미 있게 읽는지 파악한다. 문학서인지, 역사서인지, 철학서인지, 과학서인지. 즉 어떤 책을 선호하는지를 알아야 그 장르의 책을 즐거운 마음으로 편집하고 더 나아가 기획으로 연결할 수 있다.

2단계. 좋아하는 장르의 책이 나오는 출판사 찾아보기

선호하는 장르를 찾았다면 그 책이 나오는 전문출판사를 찾는다. 전문출판사는 문학, 역사, 철학 등 순수 인문서와 경제경영, IT 산업, 취미, 건강 등 실용서로 크게 나뉜다.

3단계. 전문출판사 혹은 종합출판사 결정하기

대부분의 출판사는 전문출판사로서의 리스크를 피하기 위해 다양한 장르를 출간하는 종합출판을 지향한다. 그렇다면 나는 종합출판사에서 근무하고 싶은지, 규모는 작지만 특정 장르를 집중적으로 출간하는 전문출판사에서 근무하고 싶은지 고민해본 후 결정한다.

4단계. 성인도서와 아동도서 출판사 결정하기

아동도서는 원고의 성격, 한글맞춤법의 적용, 제작방식 등 성인도서와 출판 프로세스가 확연히 달라 두 장르 사이의 이동은 쉽지 않다. 신중히 결정해 입사한다.

편집자 양성기관,
sbi · 한겨레교육

꼭 이곳을 거쳐야 할까

예비편집자들이 취업을 원하는 출판계는 '출판 프로세스'라는 독특한 제작과정을 포함하므로 취업 전에 단기간이나마 체계적인 교육을 마치고 가는 것이 좋다. 대표적인 교육기관은 sbi와 한겨레교육인데, 각각 그 기관을 거쳐 출판계에 입성한 두 편집자는 이렇게 말한다. "사전 교육을 받고 가서 얼마나 도움을 받았는지 몰라요. 출판 전 과정을 미리 익히고 가는 일은 정말 중요하다고 생각합니다. 실무에서 당황하지 않기도 하고요."

sbi는 학비가 전액 무료이므로 입학은 까다로워도 교육 후 전원 취업을 목표로 한다는 것이 장점이다. 한겨레교육은 입학이 까다롭지 않은 것이 장점이다.

전액 무료인 'sbi 출판편집자 과정'

서울북인스티튜트(sbi) → 채용예정자과정 → 출판편집자로 검색하자. sbi는 Seoul Book Institute의 약자로, 고용노동부의 지원을 받아 '한국출판인회의'에서 운영한다.

sbi의 교육내용은 출판기획, 출판편집, 출판마케팅, 출판디자인 등 기본적인 이론교육을 비롯해 예비편집자들이 현장 감각을 익힐 수 있도록 다섯 개 출판사의 협력으로 진행하는 단행본 제작 워크숍, 표지의 글 및 보도자료 글쓰기 워크숍, 출판기획서 및 편집기획서 작성 워크숍 등으로 구성된다. 여러 분야 베테랑 편집자들의 강의, 출판사 및 제작처 견학, 경력 편집자와의 만남 등을 통해 편집의 기본을 익힐 수 있다.

국비장학생으로 전액 무료이고 수업기간은 6개월이다. 서류제출기간, 교육기간은 홈페이지에서 확인하자. 서류전형과 필기시험, 면접을 통과해야 한다. 서류전형은 독서이력서와 자기소개서를 제출하며, 필기시험은 한국어시험과 논술시험을 거친다.

1년에 한 번 뽑으므로 대기자가 항상 밀려 있다. 입학은 쉽지 않지만, 수료 후 전원 취업을 목표로 하는 것이 크나큰 장점이다. 한 반은 24명이다. 반장제도가 있으니 지원해서 리더십을 기르는 기회로 삼자.

각 출판사에서 파견한 강사진이 수업을 하고, 종종 각 출판사의 중진들이나 대표, 온라인 서점 MD 등이 나와 특강을 한다. 편집자란 무엇인지, 각 출판사에서는 어떤 기준으로 편집자를 뽑는지, 온라인 서점과 출판의 미래는 어떠한지 입사 전 귀담아들어야 할 내용들이다.

교육 시에는 1인 1PC가 주어진다. 서너 명의 편집자에 디자이너 한 명이 팀이 되어 원고를 읽고, 교정을 보고, 인디자인을 활용해 본문과 표지를 만들고, 인쇄와 제본까지, 책 한 권의 전 과정에 참여할 수 있다.

각 반에는 현업에 종사하는 편집자로 구성한 담임제도가 있는데, 수업 가운데 이해가 안 된 문제를 묻거나 취업 관련 내용을 수시로 상담할 수 있다. 이력서나 자기소개서, 독서이력서 등 포트폴리오의 첨삭을 돕기도 한다.

같은 반의 동료들도 든든한 지원군이다. 수업 중 협업을 통해 실력을 쌓을 수 있는 것은 물론이고, 취업 후 사수에게 묻지 못하는 문제를 물어 해결할 수도 있다. 또 출판계의 동향을 주고받으며 낯선 사회생활

을 견딜 수 있게 하는 힘이 된다.

교육이 끝나면 발표회를 갖는데, 이는 각 출판사의 대표, 혹은 중견 편집자와 면접을 보는 기회로 이어지기도 한다. 이때 결과물뿐 아니라 자신만의 포트폴리오를 같이 준비하는 것이 좋다. 교육발표회 후 혹은 졸업 후에도 결원이 생긴 출판사에서 연락이 오면 희망자는 해당 회사를 방문해 면접을 볼 수 있다.

취업 후에도 '교정 과정의 이해' '출판 인디자인' '전자책 제작 기본소양 교육' 같은 sbi 내에 개설된 강의를 들으면 실무에 도움이 될 것이다.

TIP 교육 과정 및 자세한 내용은 sbi 홈페이지(http://www.sbin.or.kr)를 참조하자.

---

sbi 응시절차 서류전형(독서이력서, 자기소개서), 필기시험(한국어시험, 논술시험), 면접

진입장벽이 낮은 '한겨레 출판편집스쿨'

한겨레교육 홈페이지의 다양한 강좌 중 예비편집자에게 해당하는 과목은 '한겨레 출판편집스쿨'이다. '한겨레교육→출판→북메이커스→모집중 강좌→한겨레 출판편집스쿨'로 검색하자.

강사진은 편집장 출신의 베테랑들이다. 교육기간은 2개월 정도이다. 정확히는 총 7주, 날짜로는 28일이다. 한 반의 정원은 24명. 수강생이 편집할 책의 제작비가 포함된 수강료는 각자 부담해야 하는데, 금액은 홈페

이지에서 확인하자. 강의 개설과 동시에 신청이 끝날 만큼 인기가 높으니 수강신청 날짜를 염두에 두었다가 발 빠르게 클릭해야 한다.

출판편집의 개념, 책이 만들어지는 전체 과정, 저작권과 출판계약, 기초 교정과 교열, 출판기획, 출판 마케팅 등 기본적인 이론교육이 진행된다. 동시에 실제 출판에 사용된 다양한 원고 중 각자 선택하여 원고 읽기, 원고 검토서 작성, 교정교열, 판형과 터잡기 등 본문 레이아웃, 표지 디자인 등 책 한 권을 자신이 직접 편집·제작하는 실습과정이 병행된다. 책이 입고되면 강사와 학생이 모여 총평하는 시간을 갖는다. 한겨레 출판편집스쿨은 예습과 복습을 게을리하지 않고 집중을 해야 따라갈 수 있을 만큼 짧은 기간 동안 출판의 전 과정을 익힌다.

수강생을 직접 출판사에 소개하지는 않지만, 출판사의 채용공고나 소식을 전달해준다. 또 강사진이 취업 활동 시 이력서와 자기소개서에 대한 첨삭을 도와주기도 한다.

취업 후에도 '에디터를 위한 교정교열 실무' '어문규범과 문법' '문학편집자 준비반' '외서 기획 및 저작권 수출입 업무' '서점 MD 특강' '온라인 마케터 과정'과 같은 다양한 강의를 들으면 실무에 도움이 될 것이다.

TIP 교육 과정 및 자세한 내용은 한겨레교육 홈페이지(http://www.hanter21.co.kr)를 확인하자. 또한 책 말미에 한겨레 출판편집스쿨 출신「예비편집자의 출판사 합격수기」를 실었으니 참조하자.

그 외 어디서 교육을 받을 수 있나

편집자 교육 커뮤니티인 올차캠프(https://www.oolcha.com)가 있다. 그 밖에 수도권에 거주하지 않아 거리나 공간에 제약이 있는 예비편집자는 온라인상에서 교육을 받을 수 있는 곳을 검색해보자. 유튜브에서 '편집자'나 '북튜브'로 검색하면 편집에 관한 무료·유료강의를 보고 들을 수 있다. 인터넷 강의 플랫폼으로는 '클래스101'을, 인스타그램에서는 '스터디파이' 등을 만날 수 있다.

출판사 구인구직 사이트 찾기

1. 북에디터(bookeditor.org)

잡코리아, 사람인, 리크루트, 인크루트 등 다양한 사이트가 있지만 편집자들이 가장 애용하는 건 '북에디터'이다. 구인구직 정보 외에 출판 강좌, 편집자 광장, 출판 정보 등이 카테고리에 올라 있다.

2. 인문사회과학출판인협의회(cafe.daum.net/cultural)

인문사회과학서를 펴내는 출판사의 영업인들이 만든 모임이다. 구인구직 정보 외에 출판사별 도서목록 등 출판계의 갖가지 정보를 얻을 수 있다.

3. 인스타그램의 퍼블리랜서(publilancer)

출판 매니지먼트 회사이다. 구인구직 정보는 물론 출판사에서 여러 가지 홍보물을 올리므로 출판사의 분위기를 파악하는 데 도움이 된다.

4. 앱 에디톡(EDITALK)

구인구직 정보는 물론 각 출판사에 대한 정보를 열람할 수 있다. 또 출판물로 정부의 지원을 받는 방법 등 출판사 취업 후에도 도움이 되는 정보가 가득하다.

예비편집자는
어떤 준비를 해야 할까

글쓰기·책 읽기를 일상화해야

출판사에 입사하면 글을 쓸 기회가 정말 많다. 섭외하고 싶은 저자에게 기획제안서를 쓰고, 원고가 입고되면 검토 후 저자에게 피드백을 써서 보내고, 본문이나 표지 디자이너에게 출간 방향을 설명하는 작업의뢰서를 쓰고, 편집이 끝나면 언론사에 보내는 보도자료를 쓰고, 도서 목록에 책 소개 글을 쓰고, 카드 뉴스 등 온라인 마케팅을 위한 글을 쓰고, 광고 게재일이 정해지면 광고 문안을 작성하고, 서점에서 POP 제작을 의뢰하면 문안을 작성해서 마케팅 부서에 넘기고…….

이처럼 편집자는 매일 글을 써야 한다. 출판에 관심을 가진 사람이라면 끊임없이 글쓰기를 갈고닦아 놓아야 입사 후 바로 현장에 투입될 수 있다. 글은 하루아침에 잘 쓸 수 없다. 그러므로 매일매일 쓰기를 실천해야 한다. 문단에 등단하거나 글쓰기 수상경력을 만들면 입사 시

가산점을 받을 수 있다.

출판사 입사를 준비하는 또 하나의 방법은 출판편집과 관련한 책을 찾아 읽는 것이다. 편집인으로서 마음가짐을 다지는 한편 실무를 미리 익힌다는 태도로 선배들이 펴낸 책을 읽어보자. 이렇게 미리 준비했더니 면접 시 출판편집 전반에 관한 물음에 자신도 모르게 답변이 술술 나오더라는 합격자의 고백도 귀담아들을 만하다.

또 한국출판마케팅연구소에서 펴내는 잡지 『기획회의』를 도서관에서 열람한다. 특집 '편집자를 위한 북디자인' '기획자 노트 릴레이' '책의 미래' 등을 통해 실무 관련 정보를 얻을 수 있고, 출판시장 전체를 바라보는 안목을 키울 수 있다. 그 외에도 출판 관련 잡지로는 『출판저널』 『책』 등이 있다.

TIP 1장 6절 「출판·편집에 도움이 되는 책」과 책 말미에 실은 「참고문헌」을 참조하자.

적극적으로 취업을 준비해야

출판계로 입사를 결정했다면 바로 취업 준비를 시작하자. 재학 시 취업 준비는 다양한 방법이 있다. 대학교 학보나 동아리 소식지에 꾸준히 글을 올리고, 교내 독후감대회에 적극적으로 참여한다. 문학 동아리, 독서토론 동아리, 글쓰기 모임, 학보사 기자로 활동을 한다. 대학에서 홍보를 맡을 일이 있으면 적극적으로 참여한다.

대학은 가끔 정부에서 인문육성사업 지원을 받을 수 있는 기간이 있다. 소식을 접하는 대로 자신이 소속한 과의 교수에게 건의해 대학에 특강을 요청한다. 중견편집자를 초빙하거나 출판사를 직접 방문해 강의를 들을 수 있다. 또 대학교와 출판사가 제휴해 독후감대회를 여는 경우도 있으니 참조한다.

대학 내에서 출판사 입사준비반을 만들어 책이나 언론의 경제기사를 읽고 토론한다. 자기소개서를 써서 돌려 읽고 코멘트를 달아주거나 함께 면접시험을 준비한다. 또 출판사에 합격한 대학 선배를 찾아 조언을 듣는다.

그 외 다양한 방법으로 준비하기

- 자격증을 준비한다. 한국어, 영어, 일어를 능숙하게 쓸 줄 알고 한자를 잘 알면 편집자에게 유용하다. 이와 관련한 자격증을 따자. 이밖에도 지원하고자 하는 출판사의 성격을 고려해 자격증을 딴다.
- 영어·일어·중국어·불어·독어·스페인어 등 외국어를 꾸준히 연마한다. 출판사의 번역서 비중은 30퍼센트 정도로 높다. 외국어를 잘하면 출판사뿐 아니라 해외저작권 전문회사인 에이전시로 진출할 수도 있다.
- sbi나 한겨레교육에서 출판과정을 이수해 출판의 기초를 닦는다. 그런 다음 동기생들과 취업모임을 만들어 신문·잡지의 경제기사를 읽고 함께 토론하거나 자기소개서를 써서 돌려본다. 면접대비반도 만들어보자. 기획에 관심이 있다면 교육 수강 후 기획자 모임을 만든다. 기획편집자, 디자이너, 마케터로 구성된 모임을 만들 수 있다면 금상첨화이다. 이렇게 다양한 구성원이 모여 함께 공부한다면 출판에 대한 시야를 한층 넓혀줄 것이다.
- 취업과 관련해 벌인 활동의 결과물은 모두 모아두고, 입사전형 시어떤 식의 포트폴리오를 만들어 제출할지 미리 계획을 세운다.

이력서 · 자기소개서만 잘 써도 합격한다

출판사에서는 어떤 서류를 요구할까

일반적으로 이력서와 자기소개서를 요구한다. 드물긴 하지만 독서이력서와 기획서를 제출하라는 곳도 있다. 구인공고를 내면 적게는 수십 명에서 많게는 세 자릿수에 가까운 서류가 도착하는데, 팀장-부장-경영진의 순서로 심사를 한다. 100명의 지원자가 몰렸다면 그중에서 50명을 가린 다음, 다시 30명-20명-10명 정도로 압축한다. 예상치 못한 인재가 몰리면 최종 면접 후 원래 결원 이상으로 신입을 뽑는 경우도 있다.

TIP 1장 4절 EDITOR'S TIP '이력서 쓰는 법'을 참조하자.

자기소개서는 독창적으로 작성한다

요즘 출판사 구인공고는 나기도 어렵고, 시기도 일정하지 않다. 신입은 자주 뽑지도 않는다. 제출서류는 대부분 이력서와 자기소개서뿐이다. 대학에서 무엇을 전공했든, 학점이 높든 낮든, 어떤 교육기관 출신이든 자기소개서를 훌륭하게 써서 서류전형을 통과해야만 면접을 볼수 있다. 그만큼 자기소개서는 입사의 당락을 결정짓는 데 가장 중요한 문서이다. 자기소개서를 잘 써서 높은 점수를 받은 사람은 호감도가 면접까지 죽 이어져 최종합격자 명단에 오르는 일이 빈번하다.

하지만 자기소개서는 정해진 형식이 없기 때문에 예비편집자들은 자기소개서 쓰기를 가장 어렵고 부담스럽다고 느낀다.

일반 기업의 자기소개서는 정해진 문항에 자신의 의견을 채워 넣는 형식이다. '학창 시절 갈등 상황이 생겼을 때 어떤 방식으로 해결했는지 예시를 들어 설명해보라' '자신의 장단점을 쓰라' '취업을 위해 어떤 준비를 했는가' '우리 회사의 기본정책을 설명하고, 나아갈 방향을 제시해보라' 등등. 500자 이내에 서술하라며 길이를 정해주기도 한다. 또 '자신의 MBTI 유형을 소개하고, 이를 기반으로 자신의 장단점을 사례를 들어 소개하라'는 문항을 출제하기도 한다.

이에 반해 출판사의 자기소개서는 완전 자유형식이다. 그래서 막막

할 수는 있지만, 반대로 생각하면 오히려 독창적인 자기소개서를 쓸 수 있는 절호의 기회가 된다. 또 자기소개서만큼 '편집'을 잘해야 하는 것도 없는 듯하다. 나라는 사람이 누구인지, 어떤 장점과 능력을 지녔는지, 내 경험과 이야기를 어떻게 엮고 배치할지를 잘 궁리하는 것이 관건이다.

자기소개서는 장황하게 쓸 필요가 없다. 한두 명 결원을 보충하려고 구인공고를 내면 많게는 수십 명이 서류를 제출한다. 심사관은 간단명료하면서도 독창적인 서류를 집어 들게 마련이다.

A4 용지 4매를 채운다는 계획을 세우고, '이제 나는 편집자'라는 심정으로 작성한다. 편집이 잘된 책을 한 권 뽑아 들고 참조한다.

TIP 46~61쪽에 실은 자기소개서의 예를 참조하면서 읽으면 이해가 빠르겠다.

· 첫 번째 장

용지의 중앙에는 전체 제목을 단다. '출판편집자로 준비된 나' '내가 그리는 편집자의 미래' '출판계에 내가 필요한 이유' 등등. 자기소개서의 표지라고 생각하자.

· 두 번째 장

여기서는 출판인이 되기 위해 준비한 노력을 피력해본다. 나의 독서이력을 조금은 길게 써도 되겠다. 단, 입사 희망 회사의 출판 성격과 관련한 독서이력을 집중적으로 쓰자.

성장과정에서 행해진 꾸준한 독서이력, 나의 진로에 영향을 준 인물, 편집자로서의 자질, 출판과 인연이 시작된 동기, 출판에 입문하기 위해 거쳐온 과정 등. 해당 출판사의 서포터즈로 활동했다면 그 사실도 꼭 쓴다. 쉽게 지치지 않는 체력, 곰삭아 있는 책에 대한 열정도 강조한다.

응시자가 어린 시절 어디서 어떻게 자랐는지, 어떤 학교, 어떤 학과에서 무슨 공부를 했는지 심사관은 관심이 없다. 오로지 출판사의 편집자가 되기 위해 어떤 노력을 했는지 궁금할 뿐이다.

편집자가 된 기분으로 서류를 꾸민다. 한 장에 2개 정도의 소제목을 달아 가독성을 높이자. 소제목은 너무 평범한 것보다는 눈길을 잡아 끌 수 있게 호소형으로 하든, 미려한 문장형으로 하든 출판사의 성격에 맞게 선택하자. 즉 감각적으로 뽑으라는 말이다. '나의 대학생활'처럼 평범한 표현보다는 '출판인이 되기 위해 전력투구한 나의 대학생활' 같은 구체적이고 나만이 쓸 수 있는 표현을 하라는 것이다.

소제목은 굵은 고딕체를 쓰고, 소제목 앞에 간단한 약물을 넣어보자. 본문 서체는 단행본에서 주로 사용하는 10.5포인트를 쓴다.

• 세 번째 장

응시할 출판사의 도서 스타일과 나의 가치관이 연결되는 지점을 서술해본다. 그 출판사의 책 혹은 시리즈물에 대한 소감, 홍보 전략, 표지에 대한 장단점, 출판 경향에 대한 의견, 해당 출판사의 책을 읽은 소감, 입사를 하게 된다면 어떤 기획을 해서 어떤 식으로 기여를 할 것인지를 피력한다. 인문서, 문학서, 역사서, 예술서, 자기계발서, IT 도서 등 출판 성격에 맞는 서술을 펼쳐보자. 아주 전문적이지는 않아도 느낀 그대로 쓰면 된다. 서류를 심사하는 입장에서도 그리 전문적인 글을 요구하지는 않는다.

다른 예를 들어보겠다. 참신한 신간을 기획하기 위해 지금도 습관처럼 하고 있지만 매주 게재되는 북섹션 확인, 온라인 서점 순위 검색, 주간지 헤드라인 조사를 더 철저히 하겠다, 그리하여 앞으로 내가 진행할 책의 타깃을 좀 더 구체적으로 찾아 의견서를 내겠다, 이렇게 하다 보면 분명히 귀사에 꼭 필요한 인재가 될 것이다 하는 식으로 맺음을 하면 분명히 눈에 띌 것이다.

· 네 번째 장

응시할 출판사의 책을 한 권 골라 전문가처럼 평가해본다. 최근 이슈가 된 책, 스테디셀러, 주목받는 신간 중에서 고른다. 3분의 2 정도는 장점을 나열하고, 3분의 1은 '나라면 이러저러한 아이디어를 내서 이러저러하게 편집해보겠다'라고 서술해보자. 이렇게 적극적으로 피력하면 출판사에서는 응시자의 애정도를 충분히 감지하고 후한 점수를 줄 것이다.

첫 번째 장 – 눈에 띄는 자기소개서 제목을 표기한다.
두 번째 장 – 독서 이력이나 활동 등 출판인이 되기 위해 경주한 노력을 피력한다.
세 번째 장 – 응시할 출판사의 도서 스타일과 나의 인생관의 연결점을 서술한다.
네 번째 장 – 응시할 출판사의 책을 평가한다.

독서이력서는 자신만의 기록으로도 남긴다

독서이력서는 얼마나 다양한 분야의 책을 어느 시점에, 얼마나 많이 읽었는지를 확인하는 서류이다. 이는 'sbi 출판편집자 과정'에서도 서류 제출 시 요구한다. 자신이 읽은 책을 독서 시기나 주제, 분야 등에 따라 배치한 다음, 출판분야 / 도서명 / 지은이(옮긴이) / 출판사 / 발행연월 / 쪽수 / 책값 순으로 도서정보를 적고 400자 이내로 소개하라고 한다.

드물지만 독서이력서를 서류전형에 포함하는 출판사가 있다. 그럴 경우 위의 형식에 따라 제출하되 출판사의 성격에 맞는 독서이력을 맨 위에 올리거나 그 부분을 눈에 띄게 표시하는 방법을 쓰면 된다. 간단히 표로 작성할 수도 있지만, 이에 더해 자신만의 독후감을 붙여 넣는 방법도 있다. 즉, 그 책들을 어떻게 자신의 것으로 만들었는지를 덧붙이는 것이다. 읽은 책을 모두 쓰는 건 지면상 불가능하니 관심 있는 분야를 네댓 권 선택해서 독후감을 쓴다. 아니면 서류를 제출하는 출판사의 책을 골라 독후감을 쓴다.

독서이력서는 서류로 제출하지 않더라도 계속 업데이트해서 자신만의 기록으로 남긴다.

기획서 쓰기

기획서를 내라는 곳은 많지 않다. 예비편집자에게는 벅차다고 여기는 것이리라. 평소 관심이 있어 기획서를 써둔 지망생이라면 제출할 만도 하다. 내용이 훌륭하다면 평가에서 가산점을 준다.

마지막으로 교정자처럼 확인하기

서류 작성을 마치면 '나는 저자이다'란 기분으로 마음에 들 때까지 퇴고를 거듭하자. 그런 다음 출력한 뒤 빨간 펜을 들고 '나는 교정자이다'란 기분으로 검토한다. 심사관의 미간을 찌푸리게 만드는 오자나 탈자가 없는지 먼저 확인한다. 아무리 훌륭한 글이라 하더라도 오탈자를 발견하는 순간 심사관은 응시자를 향해 불편한 기분이 든다. 한글맞춤법, 띄어쓰기, 외래어표기법도 점검한다. 미심쩍은 부분은 국립국어원의 온라인 표준국어대사전에서 확인하거나 인터넷 맞춤법 검사기를 활용하자.

마지막으로 낭독을 해본다. 청각을 동원해 문장이 매끄러운지, 발음이 꼬이는 곳은 없는지, 반복되는 단어는 없는지를 확인하는 것이다.

이제 서류 작성은 끝났다. 쪽수 번호를 매겨 제출하는 일만 남았다.

앞서 자기소개서를 요령 있게 쓰는 법을 배웠다면, 이제는 예시를 보면서 자신의 자기소개서에 적용시켜 보자. 다음의 자기소개서는 '한겨레 출판편집스쿨' 과정을 이수한 예비편집자 B씨가 IT 계통 출판사의 구인 공고를 보고 제출한 것이다. 출판계 선배의 조언 전 자기소개서를 먼저 싣고, 이어서 조언 후의 자기소개서를 실었다. 정리된 자기소개서를 제출하고 면접을 거쳐 입사에 성공한 케이스이다. 자기소개서는 원고 그대로 실었으므로 틀린 한글맞춤법을 고치지 않았고 문장에 손을 대지 않았다.

자기소개서 - 선배의 조언 전

책과 함께 성장한 어린시절

강원도 시골에서 자란 저는 다양한 문화생활을 누릴 수 있는 환경이 아니었습니다. 하지만 유치원 때부터 초등학교 졸업까지는 부모님과 함께 매주 토요일 오전 시립도서관에서 책을 고르고 도서관 쉼터에서 라면에 김밥을 먹었습니다. 처음에는 부모님이 쥐어주시던 『마당을 나온 암탉』 『꽃들에게 희망을』 같은 어린이 권장도서를 읽었습니다. 초등학교에 입학한 후에는 매주 도서관에 간 덕분에 친구들 사이에서 인기가 많은 『만화로 보는 그리스로마신화』『셜록홈즈』, 애드거 앨런 포의 『검은 고양이』를 반에서 가장 먼저 읽었습니다. 친구들에게 '네가 추천해준 책 정말 재밌다'는 이야기를 들으면 으쓱해지는 기분으로 그 주 토요일은 더 재밌는 책을 찾아다녔습니다.

초등학교 고학년이 되고 세상에는 재밌는 책뿐만 아니라 일상의 여러 궁금증을 해결해주는 책도 있다는 사실을 깨달았습니다. 대표적으로 매일 꿈꾸는 이유가 궁금하다는 이유로 중학교 1학년 때 패기 넘치게 프로이드의 『꿈의 해석』에 도전한 기억이 납니다. 공연 연출가라는 꿈을 키우면서 예고에 진학하지 못했다는 절망감에 휩싸이던 고등학생 시절에는 다양한 철학서를 읽으며 마음의 위안을 얻었습니다. 윤리 과목에서 발견한 서양 철학자들 중에서 쇼펜하우어의 『수상록』과 『사랑은 없다』, 니체의 명언을 정리한 『니체의 말』에서 도움을 받았습니다. 모태신앙으로 자랐는데 현실 기독교에 실망했을 때는 아우구스티누스의 『고백록』을 꺼내들었습니다. 그 책들이 실제적으로 제 삶을 바꿀 수 있었는지는 확신할 수 없습니다. 그러나 저의 성장과정에서 책은 선생님과 주위 어른들에게 질문하기조차 어려운, 스스로 정의내리지 못한 고민들을 꺼내놓는 생각창고였습니다.

POINT 서류심사관은 응시자의 어린 시절을 궁금해하지 않으니 과감하게 생략하라. 소제목은 너무 평이해 눈길을 잡아 끌지 못한다. 문장도 개성이 없고 지루하다.

프랑스 전공에서 출판편집자의 꿈까지

처음 대학은 고고미술사학과에 진학했습니다. 서양미술사를 공부하고 싶었는데, 서양미술사 전공 교수님의 자리가 비어 있었습니다. 저는 1학년 내내 서양미술사와 문화사를 배울 수 있는 독일문화수업, 프랑스문화수업, 영문학수업 등을 수강했습니다. 2학년이 되는 문턱 앞에서 서양문화를 더 배우겠다는 결심을 했고, 한국과 문화적 정서가 가장 다르다고 판단한 프랑스언어문화학과로 전과를 했습니다.

전공을 바꾸고서야 프랑스어의 ABC를 처음 배웠지만, 프랑스어를 배운 2년 동안 프랑스 학생들과 손짓발짓으로 친해지고 함께 여행을 가는 등 적극적으로 교류하며 빠르게 언어를 배웠습니다. 교환학생 기간 동안에는 수업이 없는 자투리 시간을 활용하여 한국어학과 학생들의 한국어 공부를 도왔습니다. 이 과정에서 프랑스어 번역에 대한 관심이 생겼고, 한국에 돌아와 동대학원의 프랑스어 번역 석사과정에 진학했습니다. 하지만 번역공부를 하는 동안에 번역가를 직업으로 삼으려면 국내외에서 더 많은 시간을 공부해야하는 현실이 눈에 보이기 시작했습니다. 프랑스문화와 번역공부는 여전히 재미있었지만, 학생신분에서 벗어나 경제적 독립을 빨리 하고 싶은 마음이 더 컸습니다. 그래서 석사공부를 하면서 동시에 취업 준비를 시작했습니다.

진로에 대한 고민을 하는 대학원 시절 내내 저는 학교의 교양프로그램 독서리더로 활동하거나, 친구들과 인문학고전 모임을 하는 등 여전히 책에서 큰 힘을 얻었습니다. 특히, 고전이더라도 출판사별로 작품이 얼마나 다르게 표현되는지 등을 발견하며 편집자라는 직업에 관심을 갖게 되었습니다. 그래서 편집자의 직무를 간접적으로 체험해보고자 『편집자 분투기』 『편집자 되는 법』 『책 만드는 일』 『출판하는 마음』 등의 책을 읽었습니다. 서울에서 국제도서전이 열리면 '출판계의 미래' 등의 세미나에 참석해 질의응답시간에 신입편집자의 조건을 질문했습니다. 2020년과 2021년에는 파주에디터스쿨의 세미나를 들으며 구체적으로 취업을 위한 조언을 얻었습니다. 결론적으로 출판사 현장은 항상 마감을 가지고 바쁘게 돌아가기 때문에, 당장 일에 투입될 수 있는 신입이 필요하다는 이야기를 들었습니다. 그래서 석사 졸업과 동시에 한겨레 출판학교에 등록했습니다.

POINT 전공과 관련한 서술이 너무 장황하다. 심사관이 무엇을 궁금해하는지 생각하라. '고전이더라도 출판사별로 작품이 얼마나 다르게 표현되는지 등을 발견하며'라는 부분은 구체적인 예가 필요하다. 그리고 편집자라는 직업에 관심을 갖게 된 계기를 좀 더 길게 '설명했으면 좋았겠다.

저의 전공은 호기심입니다

제가 IT분야의 전공이 아닌 것은 사실이지만, 저의 진짜 전공은 다양한 분야에서 일하는 사람들에 대한 '호기심'입니다. 대학시절, 저는 학교 홍보대사 블로그 팀장을 맡았습니다. 주 업무는 다양한 전공을 통해 자신의 꿈을 키우는 학생들을 소개하는 인터뷰였습니다. 특히, 공

대학생들을 인터뷰할 일이 많았습니다. 학교 대표로 국내 경진대회에 참여하고 수상하는 사례가 종종 있었기 때문입니다. 수상 소식을 알리며 알찬 콘텐츠를 만들기 위해서 대회 규모와 해당 전공에 대한 기본적인 숙지가 필요했습니다.

가장 기억에 남는 인터뷰는 지능형 SoC(System on Chip) 로봇으로 태권 로봇대회에서 수상한 전자공학부 학부생들 인터뷰입니다. 다섯 명의 전자공학부 학생들을 만나기 전에 임베디드 시스템을 공부하고 질문지를 작성했습니다. 부드러운 분위기 형성에도 도움이 되었고, 기본적인 질문으로 시간낭비를 하지 않아서 구체적인 이야기가 오고갔기 때문에 업무를 떠나서도 개인적으로 많이 배울 수 있었습니다. 이 밖에도 식용곤충으로 창업을 한 식품생명공학과 학생들을 인터뷰하며 갈색거저리 가공을 체험하거나, 제어로봇공학 전공자들을 만나 자율주행 자동차에 대한 설명을 들었던 경험들은 인문학 전공자라서 문학, 역사, 철학에만 머물러있던 정신적 울타리를 넘어서는 계기가 되었습니다.

POINT 문학, 역사, 철학에만 머물렀던 관심이 더 넓은 분야로 확장된 과정은 알맞은 전개이다.

연구조교를 하며 실용서의 매력을 발견하다

대학원에서 연구조교를 하던 시절, 선임자가 급하게 이민을 떠나 인수인계를 받지 못했습니다. 서류정리와 행정업무는 매뉴얼을 반복해서 익히며 빠르게 따라잡았지만, 교수님들께 진행과정을 보고 드리거나 일의 순서를 정하는 것은 어떻게 할지 막막했습니다. 그때, 제이펍의『실무에 바로 쓰는 일잘러의 보고서 작성법』을 읽었고 바로 적용할 수 있는 지식에 도움을 받았습니다.

가장 절실한 시기에 현실적인 도움을 받았던 실용서는 큰 매력으로 다가왔습니다. 결정적으로 석사를 졸업할 무렵, 코로나19로 인해 모든 업무를 비대면으로 전달해야 했습니다. 며칠을 밤새며 자료를 정리하고 나름의 매뉴얼을 만들었습니다. 기간을 두고 다시 읽으며 오독의 여지가 있는 부분을 수정했더니 본 업무를 할 때는 두루뭉술하게 넘어갔던 부분까지 파악할 수 있었습니다.

이 과정에서 막연하게 출판편집을 하겠다는 꿈이 구체화되었습니다. 실용서 편집자야말로 저자가 전하고자 하는 바를 전달하며 예상독자가 원하는 정보를 이해하기 쉽게 편집하는 전문가라고 생각했습니다. 나아가 직장에서 보내는 시간이 단순하게 근로소득을 위해 억지로 앉아있는 시간이 아니라 다양한 분야로 개인적인 역량을 쌓기에 실용서 편집자는 좋은 직업이라고 생각합니다.

출판의 생태계를 140시간 동안 체험한 출판학교

석사를 마쳐갈 때 즈음 프랑스 문화 유료 뉴스레터 사업을 했습니다. 출판편집의 실무를 익히기 위해서 뉴스레터로 벌어들인 백만원이 넘는 돈을 전부 한겨레출판학교에 투자했습니다. 출판편집의 개념, 책의 체제와 출판공정, 저작권과 출판계약, 단행본 제작실무, 보도자료 작성, 출판유통, 원고검토서·출판기획서 작성, 교정교열, 본문 레이아웃, 표지 디자인 등까지 두 달 동안 출판사처럼 출퇴근하며 편집장 출신 선생님들에게 피드백을 받고 실무를 배웠습니다. 개념강의와 더불어 번역원고 파일 한 개를 영미에세이 단행본으로 제작했습니다.

저는 실용적으로 사람들에게 도움을 주는 책을 제작하는 것에 관심이 많습니다. 특히 IT분야는 장기적으로 꾸준히 독자에게 필요한 정보가 업데이트되는 분야라고 생각합니다. 그래서 IT분야의 실용서를 출판하는 제이펍의 기간도서를 보면서 하고 싶은 일과 방향이 일치한다고 느꼈습니다. 책과 사람에 대한 애정으로 IT실용서 편집에 참여하며 일에서 발견하는 보람을 느끼고 싶습니다.

POINT 한겨레출판학교에서 어떤 점을 집중적으로 훈련받았는지, 나는 어떤 부문에 흥미를 느꼈는지를 서술했으면 어땠을까? IT 실용서에 대한 자기 생각이 너무 짧다. 심사관이 응시자의 생각을 읽고 채용을 결정하기에는 많이 부족하다.

선배의 조언 후에 자기소개서가 어떻게 달라졌는지 조언 전과 비교해보기 바란다. 편집자를 꿈꾸기 이전의 성장과정은 과감히 생략하고, 바로 책을 가까이 두기 시작한 성장기로 들어간다. 출판인이 되기 위해 어떤 책을 읽고, 어떤 투자를 하였으며, '한겨레 출판편집스쿨'에서 무엇을 배웠는지 상세히 서술함으로써 서류심사관에게 자신에 대한 정보를 전달한다. 그다음에는 지원하고자 하는 출판사와 실용서적에 대한 자신의 견해를 집중적으로 피력한다. 조언 전에 비해 문장이 간결하고 명쾌해졌으며, 자기소개서를 한 권의 책처럼 연출해 심사관의 눈길을 사로잡고 있다. 또 훨씬 감각적으로 변한 소제목에서는 편집자가 되고자 하는 결기가 엿보인다.

자기소개서 - 선배의 조언 후

책을 연출하는 타고난 기획편집자입니다

기획자로 살자! 철학에 빠진 고등학교 시절 다짐했습니다. 도서관 0번대 책장 구석에 앉아 쇼펜하우어의 『수상록』 『니체의 말』 그리고 아우구스티누스의 『고백록』에 빠졌습니다. 성장기에 읽은 책으로 인생이 어떻게 바뀌었는지 소개할 멋진 서사는 없습니다만, 어떻게 살 것인가? 라는 고민에 빠진 청소년기에 삶의 방향을 찾은 곳은 바로 책입니다.

저는 천생 편집자입니다. 고등학교, 대학교 내내 취미는 공연 연출이었습니다. 책과 공연은 겉보기에 전혀 다른 장르입니다. 그러나 작품을 독자(관객)에게 무사히 전달하는 마음은 비슷합니다. 공연은 작품이 무대에 오르기까지 시나리오 작가, 음향·무대·조명·미술 스태프, 홍보 담당, 배우, 연출가 등 모든 구성원의 원활한 커뮤니케이션이 중요합니다. 마찬가지로 한 권의 책도 저자, 번역가, 기획편집자, 디자이너, 마케터, 출판제작자, 온라인 서점 MD 등 여러 전문가의 손을 거칩니다. 그래서 편집자를 다른 말로 바꾸면, 출판의 모든 과정을 책임지고 이끄는 '도서 연출가'라고 생각합니다.

POINT 성장기를 생략하고 '나와 책'이라는 내용으로 바로 들어간 점은 칭찬할 만하다. 공연과 책, 연출가와 편집자를 연계시킨 아이디어가 돋보인다. 문장은 간결해지고 읽고 싶은 문장으로 바뀌었다.

출판언어를 익히고 단행본을 만들었습니다

대학에서 프랑스어를 전공하고 불어 번역으로 석사를 졸업했습니다. 새로운 외국어를 배운다는 마음으로 편집자 준비를 시작했습니다. 우선 출판계의 언어를 이해하기 위해『편집자 분투기』『편집자 되는 법』『책 만드는 일』『출판하는 마음』등을 읽었습니다. 책의 만듦새를 보는 안목을 기르기 위해 직접 책을 제작할 필요성을 느꼈습니다. 현실적으로 출판 경험을 하려면 교육비가 필요했고, 석사 끝 무렵에 간단한 수익 모델을 떠올렸습니다. 프랑스 파리에 있는 친구와 협업해 프랑스어를 배우는 2, 30대를 대상으로 프랑스 문화를 담은 기사를 소개하고 단어장을 제공하는 뉴스레터를 판매하는 것이었습니다. 저는 그 프로젝트에서 프랑스 유명인사의 삶을 소개하는 '에디터의 편지'를 책임졌고, 약 백만 원이 넘는 수입을 전부 한겨레출판학교 등록비로 사용했습니다.

일분일초도 낭비할 수 없다는 결심으로 한겨레출판학교에서 2개월 동안 출판편집자의 기본기를 다졌습니다. 책의 체제와 출판공정, 저작권과 출판계약, 보도자료 작성, 유통, 원고검토서·출판기획서 작성, 교정 교열, 본문 레이아웃, 표지디자인까지 출판사처럼 출퇴근하며 편집장 출신 선생님들에게 실무를 배웠습니다. 적어도 72기에서 가장 적극적인 학생이었다고 자부합니다. 두 달 동안 실습용 원고로 30대 독자를 대상으로 『지혜를 지키는 사람들』이라는 영미 에세이를 제작했습니다.

POINT 전체적으로 소제목이 나아졌지만 광고 카피처럼 좀 더 간결하고 생생한 표현을 뽑아냈으면 돋보였을 것이다. 한겨레출판학교에서 구체적으로 어떤 공부를 했는지 서술했다면 어땠을까. 그래야 신입을 뽑는 출판사에서는 그의 적재적소를 판단하는 데 도움이 될 테니까.

전공은 호기심입니다

제가 IT분야 전공이 아닌 것은 사실입니다. 하지만 저에겐 숨겨진 전공이 있습니다. 바로 일하는 사람을 향한 '호기심'입니다. 대학교 홍보대사 시절, 교내외로 활약하는 우리 대학 학생들을 소개하는 인터뷰를 하고 학교 공식 블로그에 발행했습니다. 특히, 수상 소식이 많은 공학 대학 학생들을 알릴 기회가 많았습니다. 예로, 지능형 SoC(System on Chip)로봇으로 태권로봇대회에서 수상한 전자공학부를 취재해야 했습니다. 인터뷰 날짜를 정하고 곧바로 난생처음 임베디드 시스템을 독학하며 미리 질문지를 작성했습니다. 인터뷰 당일, 질문지 덕분에 긴장된 분위기가 풀어졌고, 취재는 자연스럽게 진행되었습니다. 게다가 기분이 좋아진 학생들이 자기들끼리 로봇을 조립하고 처음으로 로봇을 작동시킨 영상을 보내줬습니다. 결과적으로 그 인터뷰는 생생하다는 호평을 받았습니다. 이 밖에도, 식품생명공학과를 인터뷰하며 갈색거저리 식품 가공을 체험하거나, 제어로봇공학 전공자들을 만나 자율주행 자동차를 배웠습니다. 이것들은 인문학 전공자의 정신적 울타리를 넘어서는 소중한 경험이 되었습니다.

보고서 작성법, 일의 효율성과 짜릿함!

실용서의 핵심은 저자의 의도를 이해하기 쉽고 확실하게 전달하는 것이라고 생각합니다. 저는 대학원에서 연구조교를 하던 시절, 선임자가 급하게 이민을 떠나 인수인계를 받지 못했습니다. 행정업무는 매뉴얼을 통해 빠르게 익혔지만, 교수님들께 이메일을 작성할 때는 한 시간 동안 썼다 지우기를 반복했습니다. 보고서라는 형식에 갇혀, 문서가 궁극적으로 커뮤니케이션 도구라는 사실을 망각했기 때문입니다. 나중에야 제이펍의 『실무에 바로 쓰는 일잘러의 보고서 작성법』을 읽었습니다. '만약 조교 시절에 이 책을 먼저 접했다면, 시간 낭비를 효과적으로 줄일 수 있었을 텐데'라는 아쉬움을 느꼈습니다. 책이 전달하는 정보는 실용적이었고 '문서는 글이 아니라 말입니다'라는 문구가 머릿속에 계속 맴돌았기 때문입니다.

POINT 이제 본격적으로 지원하는 회사의 책을 언급하고 있다. 이 점은 높이 살 만하다.

IT 실용서는 젊은 독자의 가능성을 발굴합니다

저는 트랜드에 민감합니다. 팩플, 뉴닉, 캐릿, 듣똑라, 매일경제 등을 구독합니다. 최근 광화문 교보문고에서 베스트셀러를 분석하며 느낀 점은 인공지능(AI)과 메타버스가 구현하는 세상은 소수의 개발자가 제공하고 대중이 그것을 누리는 차원을 넘어섰다는 것입니다. 이제는 반드시 직업으로 개발자가 되지 않아도 IT분야의 실용적인 지식에 접근하겠다는 젊은 독자들의 욕망이 읽힙니다.

멀리서 사례를 찾지 않아도, 문과 출신인 저의 친구들이 이제는 IT 실용서를 삽니다. 잔뜩 긴장하고 설레는 얼굴로 파이썬을 공부합니다. 『유튜브 영상 편집을 위한 프리미어 프로』를 펴고 자신만의 콘텐츠로 유튜버에 도전합니다. 제가 꿈꾸는 성장목표는 바로 이 지점에 있습니다. 그것은 독자 즉, 나와 함께 성장하는 친구들에게 정말 필요한 책을 만들고 싶다는 바람입니다. 제이펍의 『업무와 일상을 정리하는 새로운 방법 노션(Notion)』을 보고 저자가 직접 운영하는 오픈채팅방에서 충격을 받았습니다. 그곳에 약 1500명의 사람이 노션 사용법에 대한 조언을 주고받는 커뮤니티가 존재했습니다. 실용서를 읽는 독자들은 어제보다 나은 오늘을 만들기 위해 자투리 시간을 활용해 자신을 갈고닦는 노력을 합니다. 제이펍의 기간도서 목록을 보고 앞서 말씀드린 저의 성장목표와 출간 방향이 연결되는 지점을 발견했습니다.

편집자는 저자가 '독자의 비전문성'을 고려할 수 있도록, 독자의 눈높이를 제공할 의무가 있습니다. 이제 막 IT에 입문하는 저의 비전문성을 효과적으로 활용하고 싶습니다. 끝으로, 저는 새로운 분야에 도전하는 적당한 시기란 없다고 생각합니다. 그러나 만약, 그 시기가 정말로 존재한다면, 지금이라고 결정했습니다. 제이펍에서 컴퓨터, IT 실용, 자기계발 도서 편집에 참여하고 싶습니다.

POINT 실용서 편집자가 되기 위한 준비, 입사를 원하는 회사에 관심을 가지는 과정, 어떻게 실용서 편집에 참여하고 싶은지를 밝히는 간결한 서술은 서류심사관의 눈길을 사로잡았을 것이다.

입사 후 채용 여부에 자기소개서가 주요한 포인트였다는 후일담을 들었다고 한다. 선배의 조언 전과 후를 비교해보면 모든 면에서 확연히 달라졌음을 알았을 것이다. 나만의 방식, 나만의 개성을 가진 자기소개서는 바로 면접으로 이끄는 중요한 요소임을 잊지 말자.

편집자의 시선으로 정리한 『실무에 바로 쓰는 일잘러의 보고서 작성법』

💬 이 책의 아찔한 7가지 매력포인트

① 컨셉이 확실한 표지: 매대에서 시선을 잡아 끄는 확실한 컨셉, 서체, 실용
   서 분위기의 일러스트, 색감(노랑, 파랑)

② 정보량과 컨셉에 탁월한 판형과 볼륨: 153*216, 256쪽

③ 친근한 정보제공: 독자 A/S안내, 출판사 QR코드, 난이도와 분야 표시

④ 풍성한 본문 콘텐츠

　• 현업자의 찐 노하우 Q&A: 현장 강연 질의응답을 보는 생생함, 의문을 바
　　로 해소하거나, 생각지 못한 시각의 질문을 접하도록 함

　• Before와 After가 명확한 대비: PPT, 보고서

　• 카톡 대화창 레이아웃: 생동감있는 대사

⑤ 자꾸 생각나는 메인카피: '문서는 글이 아니라 말입니다' 핵심문장을 카
　 피로 활용함

⑥ 가독성을 고려한 행간: 쉽게 읽히도록 행간을 여유 있게 사용함

⑦ 도표, 그림, PPT 화면 등 시각 자료 활용: 24쪽의 알림장 그림, 126쪽
　 의 예시, 149쪽의 발표화면 등은 이해를 돕고 흥미를 유발함

`POINT` 입사를 원하는 회사의 책 한 권을 선택해 장단점을 비교한 점
이 높은 점수를 받았을 것이다. 『일잘러의 보고서 작성법』에서 차용한
듯, 시각적인 표현을 선택한 개성도 뛰어나다. '이 책의 아찔한 7가지 매
력포인트'라는 소제목도 참신하다.

💬 이 책을 보고 떠오른 아이디어

① 본문 내지의 별색을 파랑계열로, 표지와 함께 통일감을 준다.

② 8쪽, 한눈에 보는 일잘러의 보고서 작성법

　　→ 미리 보는 챕터별 한 줄 요약

　　　　(차례와 레이아웃이 비슷하므로 구체적인 문구 사용)

③ 뒤표지에 이 책이 반드시 필요한 사람들을 명시한다.

　　예1) 보고서를 작성할 때 정해진 양식 안에 갇혀 쩔쩔매는 사회초년생

　　예2) 지금 미션이 뭐지? 구성요소를 못 쓰는 N년차 직장인

　　예3) 완벽하게 보고서를 제출했는데 상사의 피드백을 이해하기 어려운 기획자

④ 차례를 단순화하고 꼭지의 좋은 카피를 장 제목으로 활용한다.

　　예1) 형편없는 문서를 제출하던 신입이 어떻게 좋은 문서를 쓰게 되었을까

　　　　→ 이렇게 쓰면 아무도 안 봐요

⑤ 표3의 함께 보면 좋은 책을 일잘러의 책장에 꽂힌 다른 책으로 바꿔본다.

POINT '이 책의 단점'이라고 하지 않고 '이 책을 보고 떠오른 아이디어'라고 긍정적인 소제목을 붙여 서류심사관의 미소를 이끌어냈을 듯하다. 그리고 단점을 어떻게 보완하면 좋을지 구체적인 대안을 제시한 점은 응시자만의 독특한 서술이었을 것이다.

마지막으로, 입사를 원하는 출판사의 책을 한 권 선정하여 장단점을 분석함으로써 자기소개서의 정점을 이룬다. 이처럼 자기소개서의 실례를 참조하여 어떻게 하면 색다른 자기소개서를 쓸 수 있을지 집중하자.

이력서 쓰는 법

1. 이력·활동 사항

출판사에서는 응시자가 지닌 이력이나 활동 사항을 감안하여 자사에 적합한 인물인지 아닌지를 판단하므로 상세히 적는다. 특히 활동 사항은 상세히 기록한다. 대학 내 독서 모임, 글쓰기 모임, 학보사 기자, 국내외 교환학생 시절 어떤 활동을 했는지, sbi나 한겨레교육을 졸업했는지, 졸업 후 취업을 위해 온오프라인상에서 어떤 활동을 했는지 상세히 기록한다. 모임의 회장이나 리더였다면 그 사실도 적는다. 리더십을 가진 인재를 높이 평가하는 곳도 있기 때문이다. 이 모든 활동은 출판사의 업무와 관련이 있어야 한다.

2. 학력 사항

학력 사항은 대학교의 전공과 복수전공을 밝힌 다음 대학원 석사·박사 과정은 이수했는지 혹은 수료만 했는지를 적는다. 국내외 교환학생 여부도 적는다.

3. 희망 연봉

희망 연봉을 적고 괄호 안에 협의가능이라고 덧붙인다. 희망 연봉을 밝히는 것은 회사에서도 반긴다. 어느 정도를 원하는지 알아야 협상의 여지가 생기기 때문이다. 망설이지 말고 적어 넣자.

4. 자격증

자격증은 한국어능력시험, 한국사능력시험, 외국어능력시험, 한자급수시험, ITQ 정보기술자격시험, 컴퓨터활용능력시험 등 빠짐없이 기입한다. 필수는 아니지만 편집에 활용도가 높은 엑셀, 파워포인트, 포토샵, 일러스트레이터 자격증이나 컬러리스트, 인디자인 자격증을 취득했다면 그것도 적는다. 외국어 관련 자격증을 땄다면 같이 적는다. 자기소개서에서 자격증을 딴 이유와 직무에 어떻게 활용할 것인지를 언급한다. 수많은 자격증 가운데 어떤 것을 따야 할지는 어떤 출판사의 문을 두드릴지를 결정한 다음 선택해서 집중하자.

운전면허자격증을 이력서에 써야 하는지 묻는 응시생이 있다. 물론 첨가한다. 외근 시 기동력이 있다면 근무 행동반경이 그만큼 더 넓어진다고 회사에서는 판단한다. 운전면허는 회사 업무뿐만 아니라 향후 개인적으로도 필요한 자격증이다.

5. 수상 및 다양한 경력

글쓰기와 관련한 수상 경력이나 등단 사실을 적으면 가산점을 주는 출판사도 있다. 졸업 후 신문사나 잡지사에서 근무한 경력, 출판과 관련된 프리랜서·인턴 경력을 인정하는 곳도 있으므로 기입한다.

면접의 시뮬레이션을
돌려라

1차 면접을 통과하면 2차 면접이 기다린다

출판사의 면접은 보통 두 차례에 걸쳐서 치러진다. 간혹 세 차례를 보는 곳도 있다. 1차 실무진 면접은 응시생 한 사람에 면접관 두세 명이 참석한다. 과장과 팀장, 혹은 팀이 다른 부서의 팀장 두셋, 혹은 팀장이나 편집부장이 동석한다.

1차 면접관은 결과지에 점수를 매긴 다음 각 응시자의 특징을 언급한 기록을 경영진에 전달한다. 2차 면접은 해당 부서의 팀장과 경영진이 응시생 1명과 마주 앉아 진행한다. 면접자가 여럿일 경우에는 시간차를 두고 스케줄을 조율해놓는다. 면접 시간은 한 시간 내외이다. 자기소개서가 훌륭한 응시자는 심사관이 면접채점표에 별도의 표시를 하는 등 기억해두었다가 다양한 질문을 하는 경우도 있다. 1차 면접만 하는 출판사도 있는데, 그때는 팀장·편집부장·경영진이 참석한다.

취업 시즌 중에는 이렇게 준비한다

예비편집자는 자기소개서 작성 다음으로 면접을 어렵고 힘든 관문으로 여긴다. 짧은 시간 안에 자신을 어필해야 하는 부담이 있는 것이다.

면접을 준비할 때는 혼자보다는 여럿이 같이 준비하거나, 취업에 성공한 선배나 경력이 있는 편집자를 초빙해놓고 모의 면접을 해본다. 선배들은 경험에서 우러난 적절한 충고를 해줄 것이다.

면접 영상을 찍어본다. 요즘 일부 기업에서는 자기소개서를 1분짜리 영상이력서로, 대면 면접을 화상 면접으로 바꾸는 추세로 전환 중이다. 휴대폰을 활용하여 면접 영상을 찍어서 결과를 점검하자. 단체 면접의 형태로 찍어 의견을 주고받는 것도 유익하겠다. 또 휴대폰을 이용해 목소리를 녹음해본다. 면접과 같은 분위기를 만들어 대답을 하는 자신의 어투에 자신감이 배어 있는지, 말끝을 흐리지는 않는지 확인한다.

면접관은 응시생이 문을 열고 걸어오는 모습을 유심히 본다. 매사에 자신감이 있는지 없는지를 가늠하는 것이다. 구부정한 어깨에 자신 없는 걸음걸이와 곧게 편 어깨에 당당한 걸음걸이 중 어떤 선택을 하겠는가. 우리의 자세는 하루아침에 만들어지지 않는다. 평소 어깨를 쭉 펴고 앉거나 걷는 자세를 의도적으로 연습하자.

TIP 면접 준비 시 이금희 아나운서가 지은 『우리, 편하게 말해요』 중 143~147, 205~208, 293~296쪽을 참조하자.

날짜가 정해지면 무엇을 준비할지 계획을 세운다

1차 면접과 2차 면접에 대한 준비, 면접 의상에 대한 준비를 한다. 있는 그대로 진솔한 모습을 보여준다고 생각할 것이 아니라 적극적으로, 남과 다른 방법을 써서 준비한다는 마음으로 특색 있는 방법이 무얼까 곰곰이 생각해본다. 1차 면접에서는 어떤 방법으로 나를 어필할지, 2차 면접에서는 어떻게 나를 진중하게 드러낼지 선배의 조언을 듣고, 나름대로 계획을 짠다.

면접에 입고 갈 옷을 정한다. 정장이어야 마음이 놓이겠다면 미리 구입한다. 비용이 만만치 않다고 여긴다면 대여해주는 업체를 활용하거나, 일부 지방자치단체에서는 면접 의상 일체를 빌려주는 곳이 있으니 참조하자. 출판사는 출근 옷차림이 자유로운 편이다. 그렇기는 해도 옷차림이 면접자의 마음가짐을 나타내기도 하므로 최대한 깔끔하고 단정히 하고 가는 편이 좋다.

전날은 차분히 준비한다

바둑에 복기가 있다면 취업 면접에는 시뮬레이션이 효과적일 것이다.

응시장에 도착하면, 문을 열고 들어가서 인사를 하고, 의자에 앉아 면접관을 바라보고, 질문에 대답하고, 일어서서 나오는 일련의 동작을 눈을 감고 머릿속에서 돌려보자. 기출 질문과 예상 질문 중 몇 개를 골라 자신의 의견을 말해본다. 조용한 분위기를 갖춰놓고 명상하는 기분으로 앉아 심호흡을 하면서 되풀이한다.

1차 면접에서는 실무자를 만난다

출판사에 제출한 자기소개서를 출력하고, 자기소개서에 예로 든 책을 가지고 간다. 면접관처럼 해당 서류와 책을 테이블에 펼쳐놓고 눈으로 따라가며 대답을 한다. 또 해당 출판사의 베스트셀러나 스테디셀러에 포스트잇을 붙여 가지고 가서 열심히 분석했음을 어필한다.

이력서와 자기소개서, 기획서, 독서이력서, 기타 면접관에게 도움이 되는 자신만의 자료를 멋진 포트폴리오로 만들어 가서 면접관에게 낸 응시자도 있으니 고려해보자.

면접 장소는 대부분 출판사의 회의실이다. 오늘 멋지게 해내겠다고 긍정적으로 생각한다. 면접관은 나를 떨어뜨리려는 사람이 아니라 합격시키려는 사람이라고 되뇐다. 면접관이 명함을 주면 공손히 받아 테이블 위에 살짝 올려놓는다. 면접관이 여럿이면 각자 자신의 업무영역에 해당하는 질문을 할 수 있으므로 직함을 기억한다. 면접이 끝났을 때 반드시 명함을 가지고 나온다. 가끔 두고 가는 응시자가 있는데, 그러면 주의력이 부족하다는 인상을 주기 쉽다.

면접 시에는 자기소개서의 내용과 일치하게 대답해야 한다. 그러므로 자기소개서를 외울 정도로 머리에 담고 가자. 여기에 더해 대화에 임하는 태도는 중요한 평가 요소가 되므로 미리 연습한다. 표정이 어둡다, 말투의 톤이 낮고 자신감이 없다는 평가를 받지 않도록 조심한다. 너무 들뜬 기운이 아니라 밝고 명랑하다는 느낌을 주면 될 것이다. 상대방의 말을 끝까지 잘 듣고 자신의 의사를 간결하고 정확하게 표현한다. 무슨 일이든 열심히 잘하겠다, 누구와도 트러블 없이 잘 지내겠다는 식의 개성 없는 대답은 상대방을 설득시킬 수 없다. 면접관의 질문에 신중히 대답하되 단답형은 피한다. 특기가 있다면 먼저 적극적으로 어필해 업무에 어떻게 활용할지를 설명한다.

보통 면접 말미에 마무리를 겸하여 면접자에게 회사에 궁금한 점은 없는지 묻는다. 질문이 없거나 당황스러워하는 것보다는 인상에 남을 만한 질문을 하나 준비하는 것이 좋다. 회사에서 응시자에게 직무에서 특별히 기대하는 것이 있는지, 이 회사에서 중시하는 부분이 무엇인지 등등 여러 질문을 생각해보자. 기획서를 제출했다면 그에 대한 나의 의견 그리고 기획이 반영되는 분위기인지, 다음에는 연봉, 휴가, 야근 문제 등 선을 넘지 않는 한에서 조심스러운 태도로 묻는다.

출판·편집에 관한 책을 틈틈이 읽어두어 면접 시 자신도 모르게 대답이 충실해졌음을 느꼈다는 합격자의 경험담을 귀담아듣자.

면접 시 지참물 포트폴리오(이력서, 자기소개서, 기획서, 독서이력서), 자기소개서에서 예로 든 책, 해당 출판사의 베스트셀러나 스테디셀러 등.

면접 후 테스트를 하는 곳도 있다

미리 고지하지 않고 간단한 테스트를 하는 출판사가 있다. 자사 책을 한 권 주면서 한 시간 이내에 서평 혹은 요약문이나 홍보 아이디어를 쓰라든지, 교정지를 주면서 윤문을 하라는 경우도 있다. 외서를 주로 출간하는 곳은 원서 한 권을 주고 일정 부분을 번역하라는 곳도 있다. 이 밖에 한글맞춤법, 한자 등을 테스트하는 곳도 있으니 마음의 준비를 해둔다.

TIP 2차 면접은 1장 5절 EDITOR'S TIP 'D-7 2차 면접 준비하기'를 참조하자.

기출 질문·예상 질문을 눈여겨보라

① 인생관에 대하여

· 꿈이나 인생의 모토, 가치관이 무엇인가?
· 본인의 꿈과 이 회사에서의 성장 방향이 일치하는가?

② 편집에 관한 생각에 대하여

- 왜 편집자가 되고 싶은가?
- 편집자를 자신의 언어로 한마디로 정리하자면?
- 교정과 교열의 차이를 아는가?
- 편집자가 되려고 마음먹은 계기가 있는가?
- 편집자가 되기 위해 어떤 노력을 했는가?
- 편집이라는 직무가 자신에게 맞는다고 생각하는가?
- 편집자로서 5년, 10년 후의 자신은 어떤 모습일까?

③ 취업 준비를 얼마나 했는지에 대하여

- 대학 전공을 선택했던 이유가 무엇인가?
- 영어 성적은 어느 정도인가?
- 일본어는 가능한가? 중국어는 가능한가?
- 기타 언어의 능력은 어느 정도인가?
- 왜 하던 일(전공)에서 이 방향으로 오게 되었는가?
- 취업을 위해 스터디 같은 모임을 가졌는가?
- 동아리나 학회, 프로젝트 팀 또는 회사, 단체 등에서 활동하거나 일한 적이 있는가?
- 남다른 특기가 있는가?
- sbi 출판편집자 과정 혹은 한겨레 출판편집스쿨에서 만든 책의

콘셉트를 설명하고 출판 프로세스를 얼마나 이해하고 있는지 어필해보라.

- 글쓰기 능력은 자신 있는가?

④ 독서이력에 대하여

- 어떤 책을 읽었는가?
- 어떤 책에 관심이 많은가?
- 나에게 영향을 끼친 책은 무엇인가?

⑤ 우리 출판사에 대하여

- 우리 출판사의 이미지는 어떤 느낌인가?
- 우리 출판사에 관심을 갖게 된 계기는 무엇인가?
- 우리 출판사의 어떤 책을 읽었는지, 그 책에 대해서 말해보라.
- 기억에 남는 우리 회사의 책 세 권이 무엇인가?

⑥ 어떤 일을 하고 싶은지에 대하여

- 본인이 생각하는 실용서, 인문서, 역사서란 결국 무엇인가?
- 우리 회사에서 홍보나 기획해보고 싶은 책은 무엇인가?
- 자신이 주목하는 최근 트렌드를 간략하게 언급하고 기획 아이디어를 말해보라.

- 방금 말한 그 기획에 대해 시장조사는 해보았는가?
- 기술적인 면이 아니라 미래지향적인 면에서 출판기획의 새 방향을 제시해보라.
- 출판과 관련된 최근 이슈와 그에 대한 의견을 말해보라.
- 출판계는 불황이 깊다고 말한다. 그런데도 입사하려는 이유는 무엇인가?
- 본인이 원하지 않는 책을 편집할 수도 있다. 어떻게 할 것인가?
- 출판 관련 활동으로 SNS를 하고 있는가?
- 편집자는 작가와 소통해야 하는 경우가 많다. 원고의 퀄리티를 끌어올리고 일정을 조율할 수 있는가?

⑦ 개인적인 생각에 대하여
- 야근이 잦다면 어떻게 개선하겠는가?
- 누가 봐도 이틀이 걸리는 일을 오늘까지 하라고 한다면?
- 타 부서와는 일을 어떻게 조율하겠는가?
- 나이가 어린 상사는 어떻게 대할 것인가?
- 자신의 장점을 자유롭게 어필해보라.
- 집이 먼데 출퇴근은 어떻게 할 생각인가?
- 연봉은 얼마나 받기를 원하는가?
- 근무 환경 등 우리 회사에 대해 묻고 싶은 것이 있는가?

D-7 2차 면접 준비하기

1단계. 출판사 대표의 저서 찾아 읽기

2차 면접은 대표가 대화를 주도하기 쉽다. 대표의 저서를 찾아 읽고 면접 시 언급한다. 저서가 없다면 판권에서 대표의 이름 정도는 확인하고 간다.

2단계. 자기소개서에 언급한 책 살피기

자기소개서에서 응시하는 출판사의 책을 언급했다면 다시 읽는다. 자기소개서에 서술한 내용을 다시 한번 확인하여 면접 시 엉뚱한 대답을 하지 않도록 한다.

3단계. 베스트셀러나 스테디셀러 읽기

출판사 대표는 자사의 책에 관한 질문을 주로 한다. 베스트셀러나 스테디셀러 가운데 하나를 골라 장점, 개선점을 피력한다. 앞으로 어떤 분야에서 어떤 책이 출간되었으면 좋겠다는 등 구체적으로 의견을 낸다.

4단계. 기획자의 마음으로 준비하기

대표적인 시리즈가 있다면 한 권 들고 가서 어떤 저자 혹은 어떤 타이틀이 새로 들어가면 좋을지 어필한다.

5단계. 최근 뉴스 확인하기

출판사의 홈페이지나 블로그에서 최근 뉴스를 체크한다. 신간의 저자나 성격, 요즘 회사의 동향 등을 파악한다. 언론에 언급된 기사도 체크한다.

출판·편집에
도움이 되는 책

『편집자의 세계』(고정기, 페이퍼로드, 2021, 408쪽)

출판편집자 출신인 저자가 미국 문화의 황금기를 이끈 15명의 편집자를 소개한 책. 고정기는 『여원』『월간중앙』『주부생활』의 편집자로 활약하다 을유문화사 편집주간과 상무이사를 지낸 한국 출판편집 1세대이다.

잡지와 단행본 편집을 두루 경험한 저자의 이력답게 이 책에는 헤밍웨이의 편집자 맥스웰 퍼킨스부터 『플레이보이』 창간자 휴 헤프너, 『뉴요커』 창간자이자 편집자인 해롤드 로스까지 미국 문화를 이끈 명편집자들이 등장한다. 이들이 어떻게 출판, 잡지계에 입문했는지부터 무명의 작가를 스타 작가로 키워낸 일련의 과정은 그 자체만으로 흥미롭다.

편집자 파스칼 코비치는 존 스타인벡을 발굴하고 문학적 성장을 독려해 마침내 노벨 문학상을 받는 데 공헌한 명편집자이다.

스타인벡은 말한다. "코비치는 나에게 아버지이자 어머니이며 교사이자 악마 그리고 신이었다. 30년 동안 그는 나의 합작자였고, 나의 양심이었다. 그는 나에게 실력 이상의 것을 요구했고, 그 결과 그 없이는 있을 수 없는 나를 만들었다."

TIP 예비편집자와 신입편집자에게 일독을 권하는 책. 읽고 나면 스스로에게 질문을 던지게 된다. '편집자란 무엇인가? 어떤 편집자로 살아야 하는가?'

『편집자란 무엇인가』(김학원, 휴머니스트, 2020, 400쪽)

30년 동안 출판기획과 편집, 마케팅 일선에서 일해 온 휴머니스트 대표인 저자가 출판편집의 모든 것을 기록한 책. 편집일기, 출판기획 강의 노트, 설문과 인터뷰, 독서 등을 토대로 쓴 생생한 현장 매뉴얼이다.

이 책은 편집자의 직무, 신간의 기획과 개발, 편집의 전 과정, 미래의 편집자를 위한 조언 등을 실었다. 더불어 편집자 110명을 대상으로 진행한 설문을 통해 한국에서 편집자로 산다는 것에 대한 현장의 목소리도 전한다.

2009년에 초판이, 2020년에 개정판이 출간되었다. 새로운 내용이 추가되었으므로 개정판으로 읽자.

김학원은 말한다. "내가 책에서 일관되게 다루고 싶었던 것은 바로 편집자, 넓게는 출판인의 직업정신이다. 출판의 역사는 이것으로 쓰였고,

앞으로도 그럴 것이다. 출판인의 직업적 책무에 대한 진실성은 그 어느 때보다 변화의 양상이 다양하고 거센 시기에 더욱 도전을 받을 것이고, 그럴수록 빛나는 성공과 성취를 얻을 것이다."

TIP 편집자가 하는 3,000가지 일이 궁금해질 때 펼쳐보기를 권하는 책. 신입이든 경력자든 곁에 두고 참조할 만하다.

『편집자 분투기』(정은숙, 바다출판사, 2004, 292쪽)

마음산책 대표인 저자의 편집 경력 20년 분투기이다. 한 사람의 신입 편집자가 어떤 과정을 거쳐 비로소 진정한 편집자로 거듭나는지를 저자가 자신의 경험을 바탕으로 풀어가고 있는 책이다. 때문에 단순히 편집론에 관한 책이라기보다 저자의 출판 인생 이야기로 읽어도 무방하다. 동시에 이 책은 기획에서 홍보에 이르는 출판편집에 관한 구체적인 실무 이야기를 담고 있다는 점에서, 편집자가 되기를 꿈꾸거나 더 나은 편집자가 되고 싶은 현직 편집자들이 참조하기를 바란다.

정은숙은 말한다. "편집자는 출판경영자이며, 출판영업자이고, 또 독자이며, 그 모든 것이다. 편집자의 정체성은 그 스스로가 자신의 존재감을 찾아내려는 노력 가운데 발생한다."

TIP 신입편집자에서 중견편집자로, 다시 책임편집자로, 더 나아가 출판사 대표가 되는, 한 출판인의 비상일지를 엿보고 싶은 사람에게 추천하는 책.

『만만한 출판제작』(박찬수, 한국출판마케팅연구소, 2014, 240쪽)

출판사에서 오랫동안 제작 업무를 맡았던 저자가 출판제작의 모든 것을 일목요연하게 정리한 책이다. 종이, 제책, 스캔, 출력, 인쇄, 후가공 등의 각 단계와 제작처와의 커뮤니케이션, 원가 분석 등을 실었다. 출판제작의 흐름을 읽을 수 있도록 각 장을 구성하였으며 제작 과정에서 발생할 수 있는 사고유형을 정리했다.

저자 박찬수는 말한다. "출판제작은 출판사 구성원 모두의 것이다. 제작 업무는 책을 만드는 마지막 공정에 해당한다. 하지만 실제로는 가장 먼저 고민해야 하고 모두 알고 있어야 하는 과정이다. 제작 공정을 이해하지 못하면 아무리 유능한 직원이라도 사고를 막지 못한다. 직원들 모두 한 권의 도서를 만들기 위해 필요한 정보를 공유하지 않으면 제작 과정에서 100퍼센트 사고가 일어난다."

TIP 제작의 전 과정을 일목요연하게 알고자 하는 편집자에게 일독을 권하는 책.

『편집자를 위한 북디자인』(정민영, 아트북스, 2015, 328쪽)

미술출판인인 저자가 디자이너와 소통하기 어려운 편집자를 위해 북디자인의 모든 것을 설명한 책이다. 북디자인이란 책의 판형, 표지·내지 디자인, 앞뒤날개, 책등, 종이의 재질, 인쇄, 후가공 등 책의 외형을 모두 총괄하는 일이다. 이 책에서 저자는 왜 책의 형식은 독자의 심리를 닮았는지, 왜 판면에 양지와 음지가 존재하는지, 도판과 여백은 지면에서 어떻게 호흡하는지 등 책의 조형 원리를 통해 편집자가 알아야 할 북디자인을 꼼꼼히 따졌다. 읽고 나면 상세한 지도편달이 고마워진다.

정민영은 말한다. "편집자에게도 북디자인을 보는 최소한의 안목이 필요하다. 좋은 안목은 하루아침에 만들어지지 않는다. 지속적으로 책을 보다 보면 북디자인에서 어떤 일관성이나 보편성을 감지하게 되고, 그 과정이 거듭되면 자연스럽게 안목이 형성된다."

TIP 표지에 대한 구상을 북디자이너에게 요령 있게 설명하고 싶은 모든 편집자에게 권하는 책.

『열린책들 편집 매뉴얼』(열린책들 편집부 엮음, 열린책들, 2022, 464쪽)

열린책들 편집부에서 매년 펴내는 책으로, 편집 현장에서 필수 매뉴얼로 자리 잡았다. 한글맞춤법, 표준어 규정, 외래어 표기법, 열린책들 편집 및 판면 디자인 원칙, 편집자가 알아야 할 제작의 기초로 구성되어 있다. 부록은 저작권 계약, 각종 추천도서 신청, 개정 도서정가제 Q&A 등 매년 출판 현안에 대한 내용으로 업그레이드한다. 본문 내용 중 '열린책들 편집 및 판면 디자인 원칙'은 참조만 하고 자신이 몸담은 출판사에서 편집규칙을 정해서 쓰기 바란다.

TIP 우리 출판사의 편집 매뉴얼을 만들 때 참조가 되는 책.

『편집자의 일』(고미영 외, 북노마드, 2020, 196쪽)

이봄, 돌베개, 워크룸 프레스, 1984Books, 북노마드, 목수책방 등 국내 6군데 출판사를 이끌고 있는 대표 혹은 편집자들이 자신의 일을 소개한 책이다. 무수히 흩어져 있는 정보를 지식으로 만드는 사람들, 그들에게 인터뷰 형식으로 물었다. 출판계에서 목격했던 가장 큰 변화는 무엇인지, 가장 큰 영향을 준 책은 무엇인지, 주목하는 작가는 누구인지, 편집자의 하루는 어떤지, 편집과정의 중요한 포인트는 무엇인지, 만든 것 중 가장 잘 팔린 책과 가장 아끼는 책은 무엇인지.

출판에 대한 진지함과 성실성은 같은 결을 유지하되 각자 출판에 대한 깊이와 폭은 확실한 자신만의 색깔을 지니고 있다고 대답한다.

돌베개 편집주간 김수한은 말한다. "재료와 용도를 제대로 파악하여 잘 빚은 항아리 같은 책을 만들고 싶습니다. 구성이 비거나 교정이 거칠거나 제목이 엉뚱하거나 표지 디자인이 과하지 않은 딱 맞춤한. 따라서 편집과정에서는 모자란 부분을 채우고 넘치는 부분을 덜어내는 균형감각이 가장 중요한 일머리라 생각합니다."

TIP 반복되는 업무로 지쳤을 때, 고급스러운 출판담론으로 재충전하고 싶은 편집자에게 권하는 책.

『출판사가 OK하는 책쓰기』(최현우, 한빛미디어, 2020, 292쪽)

베테랑 IT 실용서 편집자가 집필한 책. 예상 독자는 출판사에 원고를 투고하고자 하는 전문가이다. 하지만 출판시장 뉴스·기획·편집실무·제작·마케팅·저작권법 등 출판 전반에 걸친 정보를 초보자의 눈높이에서 설명하고 있어 예비편집자에게도 유용하다.

최현우는 말한다. "이 책을 읽으면 글쓰기와 출판시장 동향 등 책 쓰는 데 도움이 되는 다양한 정보를 알게 됩니다. 즉 문장 한 줄 쓰기부터 출판사와 계약해 책을 출간하기까지의 모든 과정에 필요한 정보를 알려드립니다."

TIP 출판 전반에 관한 프로세스를 실용적으로 설명해놓아 신입편집자에게 맞춤한 책.

『뉴욕은 교열 중』(메리 노리스·김영준 옮김, 마음산책, 2018, 280쪽)

엄격한 편집 공정으로 이름난 미국의 잡지 『뉴요커』, 그 명성을 지키는 깐깐이 교열자 메리 노리스의 직업 에세이. 그녀가 40년가량 글을 다루며 작가들·동료들과 치고받은 에피소드를 돌이키고, 장막 안에서 『뉴요커』가 돌아가는 모습을 그리며, 구두점·대시·세미콜론·하이픈·아포스트로피 할 것 없이 문장부호와 영어 문법에 대해 전천후로 고찰한다. 2022년 6월에는 우리나라를 방문해 국제도서전에서 강연을 한 바 있다.

메리 노리스는 말한다. "오케이어(OK'er)가 되고 20여 년이 지났다. 이는 『뉴요커』에만 있는 직책이다. 잡지가 인쇄되기 전까지 편집자·작가·팩트체커·보조 교정자와 함께 글을 질의·교정하고 관리한다. 내 직업은 전인적이라서 좋다. 문법·구두법·어법, 외국어와 문학에 관한 지식뿐만 아니라 삶의 갖가지 경험도 소용된다. 여행·원예·운송·노래·배관 수리·가톨릭·모차렐라 등등. 동시에 나의 경험은 더욱 풍부해진다."

TIP 주로 영어에 관한 에피소드에 집중되어 있지만 글을 다듬어 나가는 식지 않는 열정은 우리나라 편집자들도 귀감으로 삼을 만한 책.

EDITOR'S TIP

편집자가 주인공인 소설 및 드라마

소설 **배를 엮다** 일본 작가 미우라 시온이 쓴 작품으로, '사전'이라는 배를 편집하고 엮는 사람들의 고군분투를 그린다.

영화 **행복한 사전** 소설 「배를 엮다」를 영화화했다.

지니어스 20세기를 대표하는 미국 작가 헤밍웨이, 스콧 피츠제럴드와 토마스 울프의 작품을 책으로 엮어낸 편집자 '맥스 퍼킨스'의 실화를 다룬다.

만화 **중쇄를 찍자** 일본 만화가 마츠다 나오코의 작품으로, 주간만화 편집부에 입성한 주인공이 책을 만들고, 팔기 위해 동료들과 고군분투하는 이야기를 그렸다.

배를 엮다 소설 「배를 엮다」를 만화로 그린 작품이다.

TV **중쇄를 찍자** 만화 「중쇄를 찍자」를 원작으로 한 일본 드라마.

로맨스는 별책부록 tvn 드라마이다. '책을 만들었는데, 로맨스가 따라왔다?' 책을 만드는 사람들의 이야기를 담은 로맨틱 코미디 드라마이다. 배우 이종석이 주연을 맡았다.

오늘의 웹툰 SBS 드라마이다. 일본 만화 「중쇄를 찍자」가 원작이며, 종이책 출판사의 편집자가 주인공인 일본 드라마와 달리 웹툰 출판사의 편집자가 주인공이다. 배우 김세정이 주연을 맡았다.

우리나라에 출판사는
몇 군데나 될까

활발히 책을 펴내는 출판사는 3천 군데쯤

대한출판문화협회에서 출간한 『2021 한국출판연감』에 따르면 2020년 현재 문화관광부에 등록된 출판사는 70,444군데이다. 10년 전인 2010년은 35,626군데였다. 한 해에 약 3,500군데씩 새로 생겨난 것이다. 하지만 이 숫자 중 대부분은 허수이다.

출판등록은 허가제가 아니라 신고제이다. 일정 조건만 갖추면 누구나 등록할 수 있으며, 실제 사업을 영위하는지 여부와 상관없이 등록번호를 유지할 수 있다. 정부에 등록된 출판사는 7만여 군데이지만 1년에 5종 이상의 신간을 펴내는 출판사는 매년 3,000군데 정도를 유지한다고 보는 편이다.

신간 발행부수는 줄고, 신간 발행종수는 늘고

『2021 한국출판연감』 자료 중 신간 발행부수, 신간 발행종수, 신간 평균 발행부수, 신간 평균 가격을 살펴보자.

	2010년	2020년
신간 발행부수	약 1억 600만 부	8,1652,188부
신간 발행종수	40,291종	65,792종
신간 평균 발행부수	2,639부	1,241부
신간 평균 가격	12,820원	16,420원

10년 전과 비교하면 신간 발행부수는 줄었으나 신간 발행종수는 늘고, 신간 평균 발행부수는 줄었으나 신간 평균 가격은 상승하였음을 알 수 있다. 즉 출판시장의 규모는 줄었으나 다양한 출판물을 시장에 내놓아야 함을 읽을 수 있다. 편집자의 노동 강도는 더욱 높아질 뿐 아니라 편집자의 시선은 더욱 다양해져야 함도 읽을 수 있다.

분야별 신간 발행종수는 어떨까. 역시 같은 자료에 따른다.

분야	발행종수	단위
문학	13,608종	21%
사회과학	12,735종	19%
아동	8,003종	12%
기술과학	7,392종	11%
만화	6,600종	10%
종교	3,373종	5%
예술	2,530종	4%
학습참고	2,484종	4%
철학	2,452종	4%
역사	2,257종	4%

언어	1,976종	3%
총류	1,485종	2%
자연과학	897종	1%

문학, 사회과학, 아동, 기술과학, 만화의 순이었다. 발행종수의 순서이지 매출실적은 아니라는 점을 염두에 두기 바란다.

한 온라인 서점에서 발표한 2021년 6월 출판 분야별 매출실적을 보면, 경제·경영→인문→중고학습→아동→소설→취업·수험서→외국어→시·에세이→정치·사회→컴퓨터→기술·공학/자기계발→예술→기타 순이었다.

분야	단위	분야	단위
경제·경영	9.5%	시·에세이	4.8%
인문	7.6%	정치·사회	4.7%
중고학습	7.4%	컴퓨터	4.2%
아동	6.3%	기술·공학	3.9%
소설	6%	자기계발	3.9%
취업·수험서	5.8%	예술	3%
외국어	5%	기타	27.9%

두 자료의 출처가 다르긴 하지만, 발행종수는 시·소설·에세이를 포함하는 문학이 1순위이지만, 매출실적은 경제·경영서가 높음을 알 수 있다.

모회사, 자회사, 임프린트

출판사는 크게 보아 모회사와 자회사(=계열사), 그리고 임프린트의 형태를 띠고 있다.

모회사의 구성원과 자본을 공유하는 자회사는 실용서, 아동도서, 예술서 등의 출간을 앞두고 자회사의 특징을 도드라지게 드러내고 싶을 때 활용한다. 예를 들어 ○○에듀, ○○교육, ○○주니어, ○○라이프, ○○미디어, ○○비즈, ○○어린이, ○○아트, ○○friends, 소년○○ 등. 아니면 아예 다른 이름을 지어 자회사의 성격을 규정짓기도 한다.

책의 판권을 보면 '저희 B사는 A사의 임프린트입니다'란 글귀를 만날 때가 있다. 임프린트는 대형출판사들이 자사의 편집자를 발탁하거나 타사의 편집자를 스카우트하여 독립된 브랜드를 주고 운영을 맡기는 일종의 벤처 시스템이다. 모회사에서 작업공간이나 자본은 대고 임프린트는 매출실적에 따라 인센티브를 받는다. 일반적으로 기획과 편집은 임프린트에서, 제작과 마케팅은 모회사에서 행한다. 이 제도는 영국과 미국 등 해외의 출판계에 정착되어 있다.

모회사가 임프린트의 결합체인 경우에는 임프린트 간의 매출 서열에 따라 평가하고, 모회사의 비중이 크고 임프린트의 비중이 작은 경우는 직원 1인당 매출과 임프린트 직원 1인당 매출을 비교해 인센티브를 정한다.

출판사는 전문편집자를 영입해 자사의 브랜드를 확장하고 매출과 수

익을 올릴 수 있고, 편집자는 안정적으로 자금을 확보하여 자신의 기획을 펼칠 수 있다. 반면에 지나친 경쟁을 유발하거나 중소출판사의 어려움이 가중되는 것 등을 단점으로 꼽을 수 있다. 임프린트의 성과가 좋으면 자신의 출판사를 차려 독립해 나가는 경우도 있다.

우리나라 출판사는 주로 어디에 몰려 있나

우리나라의 출판사는 경기도 파주출판단지에 400군데 정도가 위치해 있다. 그리고 1년에 한 번 서울와우북페스티벌이 열리는 홍대와 합정역 인근에 많고, 그 밖에는 서울과 경기 등 수도권에 흩어져 있다.

최근에는 독특한 개성을 발휘하는 지역출판사의 약진 소식이 자주 들린다. 인천 강화의 딸기책방, 경기도 수원의 더페이퍼, 강원도 고성의 온다프레스를 비롯해 춘천의 문화통신과 산책, 대전광역시의 모두의책과 월간토마토, 이유출판, 충청북도 청주의 직지, 옥천의 포도밭출판사, 광주광역시의 심미안/문학들, 전라북도 장수의 내일을여는책, 고창의 책마을해리, 전라남도 순천의 열매하나, 대구광역시의 달구북과 부카와 학이사, 경상남도 통영의 남해의봄날, 부산광역시의 산지니와 호밀밭, 제주도의 한그루 등. 이 출판사들은 지역 콘텐츠를 책으로 펴내거나, 지역색을 담은 책과 특산물을 선별해 꾸러미로 보내는 등 이색적인 시도를 선보이고 있다.

출판사의 연봉은 왜 박한가

일반기업이나 대기업의 연봉은 출판사의 2배, 많게는 3배일 정도로 차이가 많이 난다. 그 이유는 출판산업의 구조에 있다. 출시된 이래 꾸준히 팔리고 있는 A라면과 장기 베스트셀러에 속하는 B대하소설을 예로 들어보자.

A라면은 할아버지, 아버지, 아들, 손자 4대로 이어지는 동안 우리의 식탁에 오르는 장기 베스트셀러이다.

B대하소설은 할머니, 어머니, 딸, 손녀로 이어지는 동안 필독목록에 오르는 장기 베스트셀러이다.

할아버지는 A라면이 출시되었을 때 하루가 멀다 하고 끓여 먹었고, 요즘도 한 달에 한 번 정도는 식탁에 올린다. 아버지는 일주일에 한 번, 아들은 일주일에 두어 번, 독립해 혼자 살고 있는 손자는 매일이다시피 끼니로 라면을 끓인다. A라면은 K푸드로 각광을 받아 해외에서도 높은 판매고를 올린다.

B대하소설은 할머니가 발행된 그해에 사서 읽었고 얼마 전에 다시 읽었다. 어머니와 딸은 책장에서 꺼내 한 번씩 읽었다. 손녀는 최근 개정된 판본을 사서 읽었다. B대하소설은 해외에서 번역되어 팔리고 있지만 그 숫자는 A라면에 비하면 아주 미미하다.

이처럼 A라면과 B대하소설이라는 상품은 산업구조 자체가 다르다. 출판물은 기본적으로 소비재가 아닌 가치재(사치품)이다. 독자가 상품을

향유하고 있더라도 계속 구매할 필요는 없는 상품인 것이다. 그러므로 출판계의 연봉과 일반기업, 대기업의 연봉은 차이가 날 수밖에 없다.

다른 사람, 다른 것에 지배받지 않고 내가 정한 원칙대로 책을 만들며 사는 삶. 생업을 대하는 '자기편집'이 필요한 이유이다.

출판사의 인적 규모는?

출판사의 구성인원은 5명 이내, 10명 이내, 30명 내외, 50명 내외, 100명 이상 등 다양하다. 책의 판권을 보면 해당 출판사의 구성인원을 대략 짐작할 수 있다. 단, 디자인을 외주로 주는 경우도 있고, 모회사와 자회사의 구성원을 달리 표기하거나, 대형출판사의 경우 팀별로 구성원을 표기하기도 한다.

규모가 큰 출판사에서는 전문적으로 작업이 분리되어 있어 자신이 맡은 일만 하면 되므로 일의 효율성이 큰 반면 전체적인 그림을 볼 수 없다는 단점이 있고, 규모가 작은 출판사에서는 많은 일을 도맡아야 하니 작업의 강도가 높다는 단점이 있는 반면 단기간에 전체적인 흐름을 습득한다는 장점이 있다.

입사를 원하는 출판사와 친해지기

1. 서포터즈 되기

출판사 신간 서평단이다. 책을 읽고 본인 SNS와 온라인 서점에 리뷰를 남기면 된다. 출판사에서 보통 6개월간 서평단의 활동을 점검한 뒤 성실히 이행한 사람은 다시 위촉한다. 무료로 신간을 읽을 수 있고, 글을 쓰는 훈련이 되는 등 여러 가지 효과를 거둘 수 있다.

2. 북클럽, 독서 클럽 활동하기

독후감을 남기고, 독서소식지를 받고, 특별 이벤트에 참가하는 등 출판사와 관계를 맺는다. 평균 5만 원 내외로 가입비를 받는 곳도 있는데 책과 선물, 강연회 티켓을 받을 수 있다.

3. 저자의 강연에 참석하기

담당 편집자가 될 수도 있다는 적극적인 자세로 저자 강연을 찾아다닌다. 독자와의 대화 시간에는 심도 있는 질문을 해 깊은 인상을 남긴다.

4. 출판사의 철학 알아두기

대표의 저서나 대표적인 간행물을 읽어 출판사의 지향점이나 철학을 알아둔다.

5. 자료 모으고 책 구매하기

서울국제도서전이나 파주북소리, 서울와우북페스티벌에 참가해 해당 출판사의 도서목록을 모으고 책을 구매한다.

편집은
소멸직종인가 아닌가

인류의 역사는 곧 편집의 역사

넓은 의미에서 편집의 뜻을 살펴보자. 인류는 역사 이래 시각, 미각, 청각, 후각, 촉각이라는 오감을 활용해 편집을 해왔다. 눈으로 보이는 형상을 이용해 문자로 편집하고, 혀로 느끼는 맛을 이용해 요리로 편집하고, 귀로 들리는 소리를 이용해 이야기나 음악으로 편집하고, 코로 느껴지는 냄새를 이용해 술이나 차로 편집한다. 이처럼 편집은 인류의 역사만큼이나 오래되었다.

좁은 의미에서 편집은 일정한 계획 아래 여러 가지 재료를 모아 엮어서 책이나 신문, 잡지 따위를 만드는 일, 또는 영화 필름이나 녹음테이프 따위를 엮어서 하나의 작품으로 만드는 일을 말한다. 책·신문·잡지 등의 제작 과정에서는 원고 정리, 제목 작성, 지면 구성 따위의 일을 말하며, 텔레비전이나 영화에서는 녹화나 촬영한 필름을 잘라내어 재구성하는 것 따위를 말한다. 이처럼 편집이란 텍스트를 엮거나 콘텐츠를 재구성하는 것을 말한다.

'편집자 AI'는 과연 출현할까

인공지능(AI : Artificial Intelligence)의 시대가 오고 있다. '인공지능'이란 사고나 학습 등 인간이 가진 지적 능력을 컴퓨터를 통해 구현하는 기술이다. 인공지능은 자율 자동차를 움직이게 하고, 매일 신문을 읽어주고, 퀴즈를 풀고, 바둑 왕을 이겼다. 스마트폰에는 얼굴인식과 음성인식 기능이 장착되고, 의료와 금융 분야에도 인공지능이 활용되고 있다.

인공지능은 '약한 인공지능'과 '강한 인공지능'으로 나뉜다. 약한 인공지능은 특정 기능만을 대체하는 부분적 인공지능을 일컫고, 강한 인공지능은 인간과 같이 감정을 갖고 사리 판단을 할 수 있는 인간과 비슷한 객체로서의 인공지능을 일컫는다.

한 번역가는 말한다. "인공지능을 이용한 번역은 불가능하다. 인공지능이 해내는 번역은 번역이 아니라 중고생도 해낼 수 있는 해석에 불과하다."

그렇다면 인공지능의 힘을 빌려 한 권의 책을 편집하는 것은 가능할까. 한글맞춤법 표기에 따라 교정을 보는 것 정도는 가능하겠으나 정밀한 기술과 감성을 요하는 교열은 불가능하다고 본다. 차례를 구성하

고, 문장을 재배치하고, 소제목을 달고, 책의 제목을 정하고, 본문의 오류를 잡아내는 등 일련의 과정은 참으로 복잡하고, 정밀한 인간의 뇌와 손을 거쳐야만 가능한 작업이다. 강한 인공지능에 도달하기까지는 먼 앞날의 일이며, 편집자 AI의 출현 또한 그렇지 않을까.

종이책은 사라지지 않는다?

우리는 '출판물=종이책'이라는 등식을 아주 오랫동안 당연한 사실로 여기며 살아왔다. 컴퓨터의 탄생과 비약적인 발전으로 이제는 '출판물=종이책=전자책'이라는 등식이 성립되어 가고 있는 중이다. 아직은 '출판물=종이책〉전자책'의 시대에 살고 있지만 언젠가는 '출판물=종이책〈전자책'의 시대가 오지 않을까 예측하기도 한다.

전자책이 출현했을 당시 종이책은 지구상에서 사라질 것이라고 모두

예견했다. 그러나 예상은 빗나갔다. 현재 전자책은 전체 출판 판매액의 10퍼센트 정도에 불과하다.

전자책이 널리 보급되고 있는 일본은 2021년 10월, '독서주간'을 맞아 『요미우리 신문』이 실시한 여론조사에서 종이책과 전자책 중 어느 쪽 내용이 더 기억에 남는지를 묻는 질문에 응답자의 74퍼센트가 종이책을 꼽았다. 전자책이 더 기억에 남는다는 대답은 2퍼센트에 불과했다. 또 응답자의 75퍼센트가 종이책이 전자책보다 읽기 좋다고 답했다. 전자책이 종이책보다 읽기 좋다는 응답은 7퍼센트에 불과했다.

문화체육관광부가 '2021년 국민 독서실태'를 조사한 결과, 우리나라 성인의 연간 독서량은 4.5권이었다. 2년 전에 비해 3권이 줄었다. 과학소설(SF)·판타지 등 장르문학과 웹툰·웹소설의 강세, 넷플릭스·웨이브 같은 온라인 동영상 서비스(OTT: Over the Top), 케이블 채널, 게임, 유튜브 등 보고 즐길 만한 것이 폭발적으로 증가하는 가운데 순수문학과 종이책은 거센 도전을 받고 있다. 하지만 손끝으로 느껴지는 촉각, 코끝으로 느껴지는 후각, 책 속 문자에서 느껴지는 도톰함이라는 시각 등 우리가 오감을 느끼고 즐기는 한 종이책은 사라지지 않을 것으로 예측하는 이는 많다.

평생 동안 책을 읽고, 수십 권의 책을 저술한 한 석학은 말한다. "책을 사서 가슴에 안고 집으로 돌아가는 길이 가장 행복하다."

편집은 소멸직종인가!

출판은 크게 종이책 출판과 디지털 출판으로 나뉜다.

디지털 출판은 다시 오프라인형과 온라인형으로 나뉜다. 전자는 개별 매체에 정보를 수록하는 것이고, 후자는 통신망을 이용하는 것이다. 오프라인의 대표적인 유형으로는 오디오북, CD-ROM, 전자수첩, 전자 교과서가, 온라인의 대표적인 유형으로는 e-book과 종합유선방송, 비디오텍스, 전자신문 서비스가 있다.

종이책 출판이든 디지털 출판이든 기본적으로 텍스트나 콘텐츠가 필요하다. '텍스트'란 문장이 모여서 이루어진 한 덩어리의 글을, '콘텐츠'란 인터넷이나 컴퓨터 통신 등을 통해 제공되는 각종 정보나 그 내용물을 일컫는다. 그런데 텍스트나 콘텐츠가 있다고 바로 출판으로 이어지는 것이 아니라 편집자의 손을 반드시 거쳐야만 한다.

e-book을 예로 들자면 머리말, 차례, 각 장의 제목, 각 절의 제목, 참고문헌, 그림이나 사진 자료를 이용해 본문을 먼저 만든다. 여기까지는 종이책과 같다. 그다음에는 디지털 출판물로 구현된 전자책에 이상이 없는지 다시 한번 검토하는 과정이 남았다. 본문은 정상적으로 잘 흐르는지, 이전 페이지에서 다음 페이지로 이어지면서 잘린 부분이 없는지, 겹친 곳은 없는지 등등.

웹소설이나 웹툰은 어떤 과정을 거쳐 웹사이트에 오르는지 한번 살펴보자. 작가에게 편집자가 원고를 의뢰한다, 원고를 독려한다, 원고가 들어오면 이야기의 구성에 대해 피드백을 준다, 작가가 수정된 원고를 보내온다, 최종본은 편집자의 편집을 거쳐 웹사이트에 올린다.

종이책이든, e-book이든, 오디오북이든, 온라인 잡지든, 웹툰·웹소설이든 텍스트나 콘텐츠가 기본적으로 필요하고, 여기에 '편집'이라는 과정을 거쳐야만 비로소 독자에게 이를 수 있다. 지구상에서 어떠한 형태로든 출판물이 존속하는 한 편집이라는 직종은 결코 소멸하지 않을 것이다.

2장
편집의 기초를 위하여

편집자는……
원고 검토부터 시작해

저자와 소통하고

네,
선생님~

교정 보고

감리까지

사이언을
좀 빼야
할 것 같아요.

책의 모든 과정을 함께한다.

편집의 첫 공정,
원고 검토

원고 유입의 다양한 경로

출판사에 원고가 유입되는 경로는 다양하다. 우리 출판사의 도서목록에 올라 있는 저자가 신간을 내거나 신문이나 잡지 등에 게재한 글을 단행본으로 펴내는 경우, 새 저자를 발굴해 우리 출판사와는 처음 책을 펴내는 경우, 타 출판사에서 출간한 저작을 옮겨와 완전 개정판으로 펴내는 경우, 여기저기 흩어진 저작을 우리 출판사에서 모아 개정판으로 펴내는 경우, 투고를 통해 원고가 들어오는 경우 등이다.

완성된 원고로 출판계약을 할 수도 있지만 계약을 하고 나서 원고를 집필하는 경우도 흔하다. 여기서는 우리 출판사와 처음 책을 펴내는 저자가 계약 후 원고를 집필하기 시작하는 상황을 예로 들겠다.

원고를 집필하기 전 저자에게 집필 기준안을 제시하여 기본적인 틀을 공유한다. 처음에는 머리말과 차례, 본문의 일부를 받는다. 몇 번의 조율을 거쳐 이 정도 되었다 싶으면 출판계약서를 쓴다. 이때 완고 날짜는 촉박하게 잡지 말고 넉넉하게 정해 계약서에 반영한다.

공저나 시리즈인 경우 원고를 의뢰할 때부터 저자들에게 편집규칙을 전달하면서 유념해달라고 한다. 특히 공저자에게는 원고를 집필하기 전 저자들끼리 몇 차례든 회의를 통해 용어 및 집필 수위를 통일해달라고 당부한다. 편집규칙, 용어 및 집필 수위가 통일되지 않으면 완고 후 저자든 편집자든 노력과 시간이 몇 배로 늘어나기 때문이다.

초고에서는 전체적인 흐름을 파악

첫 원고, 즉 초고가 들어왔다. 초교로 혼동하지 말자.

원고 읽기는 편집자에게 가장 중요한 자질 가운데 하나로, 날카로운 눈과 정확한 판단력이 필요하다. 초고를 검토하는 과정은 교정을 보듯이 원고를 한 글자씩 들여다보는 것이 아니라 원고의 큰 줄기, 즉 내용과 형식을 전체적으로 파악하는 단계이다.

애초에 기획한 대로 원고를 썼는가, 원고의 출간 가치와 대상 독자가 분명한가, 주제가 명확한가, 제목과 주제가 본문에 잘 녹아들어 있는가, 독창적인가, 쉽게 썼는가.

또, 차례의 흐름은 적당한가, 서론이 너무 장황하지는 않은가, 구성에 따른 글은 설득력이 있는가, 서론·본론·결론에 이르는 원고량의 안

배는 알맞은가, 문장이 복잡하게 얽혀 이해하기 어렵지는 않은가.

마지막으로, 처음 논의대로 사진과 그림을 구성했는가, 사진과 그림의 빈도는 너무 잦지 않은가, 감수 및 추천사가 필요한가.

원고를 읽을 때는 메모를 하거나 밑줄을 치면서 읽는다. 읽기가 끝나면 메모한 문장이나 밑줄 그은 대목을 정리한 다음 저자에게 전달해 탈고 과정에서 수정하고 보완할 점을 상기시킨다.

처음부터 완벽한 원고는 없다. 글은 퇴고를 거듭하면 점점 나아진다. '원고 입고 후 조판을 해서 교정을 보다 보면 어떻게 되겠지' 하는 안이한 태도는 절대 금물이다. 편집자와 저자가 원고 검토 단계에서 머리를 맞대고 독자의 눈높이에서 고치고 또 고친 뒤 완성된 원고로 조판하자. 조판 뒤에는 공정이 복잡하고 까다로워진다. 나중에 교정을 보면서 넣고 빼면 여러 사람을 고생시킨다. 좀 냉정하다 싶어도 편집자가 리더가 되어 저자와 함께 완성된 원고를 만들어가야 한다. 원고를 고치는 데 몇 달이 걸리는 일도 있다.

초고를 다 읽었다면 예비독자라 할 수 있는 베타테스터를 활용하자. 본문을 A4 용지로 출력하거나 가제본을 만들어 전달한다. 이때 주제·판형·두께, 주된 독자층, 출간 예상 시기 등을 알린다. 베타테스터의 인원은 5명 이내로 한다. 너무 많으면 관리가 쉽지 않기 때문이다. 이때 마감날짜를 정해주는 것이 편집일정을 짜는 데 도움이 된다.

전문서적이라면 감수자를 선정해 내용에 오류가 없는지, 용어는 제대로 통일되었는지, 최신 연구에 따른 것인지, 원고의 어떤 점을 보강하면 좋은지, 베낀 흔적은 없는지, 독자의 눈높이에서 원고가 쓰였는지를 물어본다.

베타테스터나 감수자의 의견이 규합되는 대로 저자에게 전달한다.

원고 검토 시에는 구체적인 대안을 제시

편집자는 원고를 읽는 최초의 독자로서 저자가 최상의 원고를 탈고하는 데 가장 큰 도움을 줄 수 있는 파트너이다.

원고의 수정, 보완에 관해서는 문서로 정리해 전달한다. 오래 호흡을 맞춘 저자와 편집자의 관계가 아니라면 구술보다는 글이 훨씬 정확하고 효과적이다. 먼저 원고의 장점과 특징을 언급한 다음, 어떤 방식으로 살려 책을 만들고 홍보할지 의견을 낸다.

다음으로 수정하거나 보완할 사항을 피력한다. 재미없다, 지루하다, 어렵다 하면서 비판만 하지 말고 구체적인 대안을 제시한다. 어떤 부분이 마음에 들지 않는다면 아예 그 부분을 수정한 견본 원고를 써서 보내는 방법도 있다.

한 드라마 작가는 100번의 수정을 끝낸 다음 방송국으로 원고를 보낸다고 한다. 편집자는 저자에게 충분히 퇴고한 후 완고를 달라, 어려운 내용은 쉽게 풀어달라고 요구한다. 원고를 쓰는 과정에서 욕심이 생겨 원고의 양이 점점 늘어나는 경우가 종종 있는데, 그렇게 되지 않도록 해달라고 덧붙인다.

저자는 편집자의 코멘트를 읽고 자신의 저서를 담당할 편집자의 자세와 안목, 역량, 감각을 엿보게 되므로 각별히 정성 들여 쓴다. 이메일의 전송 키를 누르기 전, 최종적으로 한 번 더 점검한 뒤 발송한다. 편집자의 경험이 부족하거나 처음 관계를 맺는 저자라면 편집장의 도움을 받는다.

저자에게 가는 촉수는 늘 켜두라

저자가 원고를 집필하는 동안 편집자는 시기를 정해놓고 진행 상황을 점검한다. 편집자든 저자든 바쁜 사람들이다. 편집자는 여러 권의 책을 동시에 진행하므로 저자 관리를 소홀히 할 수 있다. 생계형 저자를 제외하고 대부분의 저자는 본업이 따로 있어 계속 독촉하지 않으면 대부분 집필기한을 어기고 차일피일 미룬다. 한 가지 글의 묶음을 출판계에서는 꼭지라 부르는데, 꼭지별로 원고를 꾸준히 받는 방법도 있다.

독촉을 할 때는 인간적이고 직접적으로 접근해야 저자가 더욱 부담을 느끼고 집필기한이 늘어지지 않는다. 보통은 문자나 메일보다 전화나 만남 같은 방법을 쓰는 것이 효과적이다. 저자의 집필을 응원하고 따뜻하게 조언하는 태도로 연락을 주고받는다. 그때 출간날짜를 환기

시키는 것도 한 가지 방법이다. 또 원고를 수시로 점검해 문제점이 생기면 바로바로 저자와 공유하여 수정함으로써 탈고 이후의 불필요한 작업을 최소화한다.

뿐만 아니라 전문가의 감수 및 베타테스터의 의견을 저자에게 문서로 전해주어 원고 집필 시 참조하도록 한다.

완고는 천천히 두 번 읽는다

최종 원고, 즉 완고가 들어왔다. 원고로 혼동하지 말자.

제일 먼저 파일을 열고 누락된 부분은 없는지, 원고가 잘린 부분은 없는지 확인한다.

완고는 두 번 읽기를 권한다. 처음에는 원고 전체를 살피면서 읽는다. 보도자료를 염두에 두면서 이런저런 장점과 특징을 부각시켜야겠다는 계획을 세운다. 저자가 제목을 정했었다면 그에 맞게 원고가 쓰였는가, 이제부터 제목을 정해야 한다면 어떻게 정할까 궁리하면서 읽는다. 베타테스터나 편집자의 피드백은 반영되었는지 체크한다.

두 번째는 세밀히 읽는다. 각각의 부와 장과 절의 배열은 알맞은가, 체제는 잘 갖추어져 있는가, 용어는 통일되어 있는가, 원고의 분량은 알맞은가, 모순되는 점이나 중언부언하고 있지는 않은가. 원문 병기 수위는 지켜졌는가, 외래어 표기는 지켜졌는가, 교정 통일원칙은 지켜졌는가, 비문이나 속어는 없는가. 그림이나 사진을 넣는 것이 효과적인가, 효과적이라면 그림이나 사진 등은 모두 입수되었는가, 그림이나 사진의 저작권 문제는 해결되었는가를 점검한다. 팁박스를 만들어 쉬어가는 코너를 만들어줄 만한 내용이 있는가를 고려한다. 또한 책의 판형, 본문 레이아웃, 책표지 디자인, 인쇄 도수, 본문 삽화 여부, 가격 등을 어떻게 정할까를 염두에 둔다.

마지막으로 다른 책에서 인용된 내용은 있는지, 표절은 없는지 저자에게 확인한다. 저작권이 있는 저작을 인용하려면 해당 기관이나 출판사에 원고게재허가서를 보낸다. 원고지 2매 미만은 통상 무료이고, 그 이상은 매당 만 원 내외를 지불하면 된다. 무료 게재를 허가하는 곳도 있으니 확인하자.

원고게재허가서에는 인용하고자 하는 저작의 서지정보와 재인용하고자 하는 부분 및 해당 쪽수의 총 분량, 원고를 싣고자 하는 우리 출판사의 저작물에 대한 정보 등을 밝힌다. 좀 더 확실하게는 PDF 교정지의 해당 쪽수를 보내주면 좋을 것이다. 저작권자를 포함한 해당 출판사의 게재허가를 받으면 출간될 책에 저자, 제목, 출판사를 밝힌다. 책이 입고되면 증정본을 보낸다.

자, 이제 원고 검토가 끝났다. 저자에게 완고대로 진행하겠다는 메일을 보내고, 이후의 편집일정을 알린다.

원고 진행 순서 원고 의뢰하기→초고 검토하기→저자에게 피드백 보내기→중간 점검하기→완고 검토하기→편집일정표 짜기

편집일정은 조금 느슨하게

편집일정은 최종 원고를 토대로 PC 교정→판면 디자인→초교→재교→오케이교→인쇄용 PDF 확인→인쇄→제본→입고의 순서로 이루어진다. 본문을 진행하면서 제목을 정해 동시에 표지 작업을 해야 한다.

편집자는 보통 10명 이내의 저자를 맡고 있으며, 한 번에 서너 권의 책을 진행한다. 여기에 행정업무, 투고원고 선별, 기획회의, 편집회의, 행사진행 등 업무의 내용이 만만치 않으므로 편집일정표를 짜서 일을 하

는 것이 효율적이다.

완고를 받은 날부터 시작해 편집일정을 감안해서 출간일을 정한다. 일정한 계절이나 연말연시, 신학기 등 특정 시기에 출간하는 것이 판매에 도움이 되는 책이라면 미리 염두에 둔다. 혹시 일어날지 모르는 돌발 상황에 대비해 예비시간을 둔다.

완고가 들어오면 편집자는 편집장과 상의한 다음, 디자이너·제작자·삽화가·사진가 등 편집과정에 참여하는 사람들을 선정해 일정을 알린다. 한 사람이 마감일을 지키지 못하면 많은 사람이 소중한 시간을 낭비하게 되니 신중하게 정한다. 텍스트가 만만치 않다면 교정자의 일정을 넉넉하게, 본문의 조성이 복잡하거나 쪽수가 많다면 본문 디자이너의 일정을 넉넉하게 잡는다.

전체 편집일정 최종 원고를 토대로 본문 PC 교정→판면 디자인→초교 →재교→제목 정하기→표지 디자인→본문 오케이교→인쇄용 PDF 확인 →인쇄→제본→입고

PC 교정 시 거친 표현을 다 들어내라

조판 전 PC상에서 편집자가 먼저 교정을 보는 것을 PC 교정이라 한다. 본문의 큰 줄거리는 건드리지 않되 오자와 탈자, 비문과 속어 등을 저자의 동의하에 손을 본다. 즉 윤문의 과정을 거치는 것이다. 판을 일

단 짜놓으면 문장을 크게 손보는 것이 힘들어지므로 최대한 PC상에서 편집자가 교정을 보고 수정을 한다. 수정할 단어가 거듭될 때는 '찾아 바꾸기'(Ctrl+F2)를 활용한다. 수정이 끝나면 저자에게 한 번 보여준 다음 본문 디자이너에게 판짜기를 의뢰한다.

한글맞춤법 공부의 노하우

1. 교재를 선택한다.

교정·교열·문법과 관련된 책을 한 권 선택해서 익힌다. 혹은 국립국어원(https://korean.go.kr)의 한국어문규정집 pdf 파일을 다운받은 뒤 책자로 만들어 교재로 삼는다.

2. 사전과 한 몸이 된다.

국립국어원의 온라인 표준국어대사전을 '즐겨찾기' 목록에 추가하고 의문이 날 때마다 검색한다. 그래도 궁금증이 해결되지 않을 때는 국립국어원의 온라인 가나다를 이용하거나 전화로 직접 묻는다. 전화번호는 1599-9979(국어친구)이다.

3. sbi나 한겨레교육의 유료 강의를 듣는다.

경력자를 대상으로 원고 검토, 띄어쓰기, 교정교열 실무 등 다양한 강의가 있다. 선택해서 익히고 실무에 적용한다.

4. 맞춤법 습관을 들인다.

TV 뉴스나 예능 프로그램의 자막, 상점 간판, 버스 외벽에 붙은 광고, 음식점 메뉴판 등을 허투루 지나치지 말고 유심히 바라보면서 틀린 곳을 고쳐보는 습관을 몸에 익힌다.

내지는
책의 몸통이다

내지는 권두-본문-권말로 이루어진다

책의 내지(內紙)는 크게 권두-본문-권말로 이루어진다. 즉 책의 알맹이인 본문의 앞뒤로 권두와 권말이 부속처럼 붙는다.

책은 처음부터 이런 형태였을까. '이야기'라는 보따리를 거칠게 독자 앞에 던져놓았던 아득한 시절 이래, 책을 만드는 사람들은 긴 글을 읽어내야 하는 독자들의 시선을 잡아두기에 적합한 형태를 부단히 모색했고, 그 결과 독서 전 호흡을 가다듬는 장치를, 혹은 중간중간 쉬어가는 장치를 만들어낸 것이다.

'권두'는 본문으로 들어가는 도입 또는 본문에 대한 안내 역할을 하며, 약표제-표제-머리말-차례-일러두기 등으로 이루어진다. 머리말 외에는 쪽수를 표기하지 않는다.

'본문'은 장(章)-절(節)-항(項)으로 이루어진다. 전문적인 학술서라면

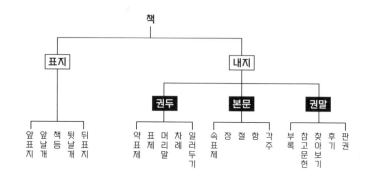

부-장-절-항으로 세분하거나 더 작은 단위가 붙기도 한다. 가벼운 에세이류라면 장과 절 정도로 이루어진다. 각 장의 앞에는 속표제를 한 번 더 넣어 새로운 장이 시작됨을 환기한다. 본문 내용을 부연 설명하고자 할 때는 각주 혹은 미주를 첨가한다.

'권말'은 책의 내용을 보충해주는 부록-참고문헌-찾아보기-후기-판권 등으로 이루어진다. 시리즈물이라면 판권 다음에 시리즈 목록을 넣는다. 시리즈 목록과 판권에는 쪽수를 표기하지 않는다. 판권은 약표제나 표제 뒤에 두기도 한다.

책의 성격에 따라 권두와 권말의 내용을 추가하거나 생략하는 부분도 있고, 순서가 바뀔 수도 있다. 편집자는 저자의 최종 원고를 검토한 다음 책의 전체 체제를 잡는다. 저자와 시안을 놓고 먼저 논의한 다음 최종안을 결정한다.

책의 작은 대문, 약표제

독자는 한 권의 책 안에서 큰 문과 작은 문을 만난다. 책을 펼치면 바로 만나는 큰 문 격인 약표제와 표제, 각 장 앞에서 만나는 작은 문 격인 속표제가 그것이다.

권두에서 첫 번째 큰 문인 약표제는 1쪽에 놓인다. 항상 홀수 면에서 시작하며, 표지와 같은 서체를 써서 책의 제목만 작게 적는다. 이전에는 도비라로 불렸지만 요즘은 약표제지로 부르기를 권장한다. 도비라는 문을 의미하는 비(扉)의 일본어 발음이다.

약표제의 뒷면인 2쪽은 비워두지만, 번역서의 경우 원서의 판권을 싣는다. 약표제와 표제는 대부분 본문 용지와 같은 종이를 사용하지만 드물게는 아트지와 같은 고급 용지를 써서 따로 인쇄를 하기도 한다.

책의 큰 대문, 표제

두 번째 큰 문인 표제는 3쪽에 놓인다. 항상 홀수 면에서 시작하며, 책의 제목과 저자 이름, 출판사를 적는다. 시리즈물일 경우 시리즈명과 일련번호를 표기한다. 이때 제목은 표지와 같은 서체를 써서 약표제보다 약간 크게 한다. 이전에는 속도비라로 불렸지만 요즘은 표제지로 부르기를 권장한다.

독자의 구매욕을 자극하는 머리말

서문, 들어가는 말, 바라는 말, 책머리에, 프롤로그 등으로 표현되며, 10매 내외의 원고로 이루어진다. 제목과 표지에 시선이 사로잡힌 독자는 먼저 머리말과 차례를 읽어본 다음 책의 구입 여부를 결정지을 만큼 중요한 요소이다.

저자는 머리말을 통해 독자들의 궁금증을 풀어주고 흥미를 끌어내도록 해야 한다. 책을 쓰게 된 동기나 목적, 책의 특징, 책의 장점, 본문 구성의 특징, 결론으로 나아가는 과정, 책 전체를 관통하는 메시지, 수정과 개고의 과정, 타깃 독자층, 제목을 짓게 된 이유, 제목에서 드러내고자 하는 메시지, 책을 집필하는 데 걸린 시간 등을 쓴다. 머리말 끝에는 날짜와 장소, 저자 이름을 밝힌다.

머리말은 저자가 본문과 함께 보내오는 것이 일반적이다. 책을 진행하다 보면 본문 내용을 첨가하거나 삭제하기도 하고, 제목을 바꾸기도 한다. 그러므로 마지막 교정을 보고 난 뒤나 제목을 확정하고 난 뒤 저자에게 다시 보내어 최종적으로 고치도록 한다.

차례는 메뉴판이다

차례는 목차라고도 하며, 책에 담긴 내용을 미리 보여주는 메뉴판과 같은 역할을 한다. 머리말과 차례를 훑어본 다음 책의 구입 여부를 결정할 만큼 독자들에게는 중요한 요소이다.

장-절-항의 제목을 해당 쪽수와 함께 보여준다. 차례에서 드러나는 장-절-항의 제목은 명사형으로 할지, 서술형으로 할지, 아니면 혼용할지 체제를 정해 운율을 맞춘다.

책에 따라 전체를 순서대로 읽을 수도 있고, 관심이 있는 부분만 읽을 수도 있는데, 후자의 경우 차례는 중요한 역할을 한다.

차례는 처음에는 70퍼센트 정도만 기둥을 세우고 세세한 부분은 편집 마지막 과정까지 계속 다듬는다. 해당 내용을 찾아가기 쉽도록 하는 단순한 목적 외에 전체 내용과 구성을 한눈에 볼 수 있도록 돕는 기능을 하므로 깔끔하게 정리해 독자들이 읽고 싶게 만든다.

편집자는 교정의 오케이 단계에서 본문의 제목과 차례의 제목이 맞는지, 본문의 쪽수와 차례의 쪽수가 맞는지 반드시 확인한다.

일러두기는 간결한 표현으로

본문을 읽어나갈 독자가 사전에 알아두면 도움이 될 정보를 싣는 곳이다. 차례 뒷면이나 본문의 권두 중 알맞은 곳에 배치한다. 일러두기에는 문장부호 사용법, 외국어 표기 용례, 책의 구성에 대한 안내를 싣는다. 번역서의 경우 원서명과 출간연도를 밝힌다. 본문에서 원저자의 주와 옮긴이의 주를 같이 실었다면 어떻게 달리 표시했는지를 알린다. 표기상의 복잡함을 피하기 위해 책에 사용한 약어의 본래어를 정리한 약어표를 같이 싣기도 한다.

본문 길이는 독서 호흡에 맞춰야

본문은 속표제와 본문으로 구성한다. 한 권의 책에서 본문은 가장 중요한 부분이며, 저자의 의도와 생각이 서술된 텍스트이다. 그러므로 무엇보다 심혈을 기울여 편집한다.

본문에 진입하기 전 독자는 작은 문 격인 속표제를 만난다. 1~4장으로 구성한 책이라면 속표제는 넉 장이다. 각 장의 번호와 제목을 홀수 면에 표기한다. 장제목에 더해 절제목을 같이 표기하거나, 본문 가운데 드러내고 싶은 문장 혹은 핵심내용을 요약해놓는다. 이 책 『편집자가 되기로 했습니다』는 3개의 장에다 6~8개의 절로 구성했다. 거기에 5개 내외의 항을 덧붙였다.

혹 내용이 복잡하다면 부-장-절-항으로 구성하거나, 간단하다면 장과 절로만 구성하기도 한다. 다만 전체 구성이 들쑥날쑥한 것은 피해야 한다. 한 권의 책 안에서 어떤 부분은 장-절로, 어떤 부분은 장-절-항으로 되었다면 깔끔해 보이지 않을뿐더러 독자가 혼란스러울 수 있다. 되도록 같은 형태로 통일한다.

장-절-항의 길이도 가능하면 맞춘다. 이 책에 실린 한 절의 글 단위를 꼭지라 한다. 즉 「내지는 책의 몸통이다」인 이 글이 한 꼭지가 되는 것이다. 원고의 길이는 독자가 글을 읽어낼 수 있는 호흡, 즉 독서 호흡과 연결된다. 편집자는 저자가 집필에 들어가기 전 꼭지의 수와 길이를 어느 정도는 정해주는 것이 바람직하다. 처음 의도대로 쓰이지 않았다면 교정을 보면서 정리한다.

본문에는 그림과 사진, 도표 등을 어떻게 배치해 독자들의 흥미를 이끌지, 어떤 부분은 색을 넣어 도드라지게 할 것인지를 결정한다.

각주 포인트는 작게

본문의 어떤 용어나 내용에 대한 이해를 돕거나 보충설명이 필요할 때 해당 면 바로 아래 덧붙인다. 본문보다 작은 글씨로 한다. 보통 학술서나 전문서적에 많이 활용하며, 일반 교양서에는 각주를 달 경우 너무 어려워 보이는 단점이 있기 때문에 이를 피하기 위해 권말에 미주로 달기도 한다. 원주와 옮긴이주를 동시에 게재한다면 개수가 적은 쪽을 택해 원주(또는 옮긴이주)라고 각주 끝에 표시한다.

참고문헌은 독서 확장의 연결고리

참고문헌은 책을 집필하면서 저자가 참고하거나 인용한 도서목록을 모아둔 것으로, 간혹 본문 각 장의 뒤에 두기도 하지만 대부분 권말에 배치한다. 국내 문헌(단행본), 국내 논문, 외국 문헌, 기타 자료의 순서로 싣는다. 단행본의 경우 참고문헌은 저자 이름, 책 제목, 출판사, 출간 연도의 순서를 따른다. 저자는 집필 과정에서 참고문헌과 자료목록을 미리 정리해두면 나중에 따로 작업하지 않아도 되므로 능률적이다. 독자들은 참고문헌을 통해 낱말 잇기처럼 연관 도서를 찾아 읽으며 독서 확장의 기쁨을 누리기도 한다.

찾아보기=색인

책에 등장하는 단어와 용어를 가나다 순서로 배열하여 필요한 쪽을 쉽게 찾아갈 수 있도록 해놓은 장치이다. 실용서나 학술서와 같은 전문 서적에는 꼭 필요하며, 시나 소설, 에세이 등 문학작품은 대부분 달지 않는다.

찾아보기는 편집과정 중 맨 마지막에 하는 작업으로, 책의 내용을 가장 잘 아는 저자가 미리 작업해온 원고를 기초로 편집자가 마지막으로 정리한다. 주로 인명색인과 기타색인(지명, 서명, 사항)을 작업한다. 인명색인과 기타색인은 같이 두기도 하고, 따로 두기도 한다.

인명색인 중 외국인은 성 다음에 쉼표(,) 그리고 이름을 밝힌다. 예를 들자면 마르크스, 카를. 카를 마르크스로 작업한 편집자가 있었다. 책을 다시 제작해야 하는 치명적인 실수이다. 틀리지 않도록 조심한다.

색인 작업을 통해 같은 뜻을 가진 용어를 각각 달리 표현한 것을 발견하고 저자에게 문의해 정리하는 경우도 흔하다. 간혹 찾아보기의 쪽수와 본문의 쪽수가 일치하지 않는 일도 있는데, 꼼꼼하게 작업함을 원칙으로 삼는다.

후기 또는 역자후기는 머리말보다 가볍게

발문, 에필로그 등으로도 표기되며, 머리말보다는 가볍게 쓸 수 있는 글이다.

국내 저작의 후기에는 서지정보와 출판하게 된 경위를 밝히고, 책에 대한 저자의 애정을 드러내고, 책을 완성할 수 있도록 도와주신 분들에게 감사를 표한다.

해외 저작의 역자후기에는 책을 번역하게 된 이유나 동기, 저자와 저작에 대한 해설, 번역을 하면서 어려웠던 점, 번역에 도움을 준 사람들에 대해 감사를 전한다. 역자후기를 제대로 쓰면 책의 품격을 높일 수도 있는 중요한 부분이다. 역자후기만을 모아 책 한 권을 펴낸 번역가도 있다.

판권은 책의 이력서

판권은 책의 기본 서지 사항과 출판권에 관한 제반 서지 사항을 보여 주기 위한 곳으로, 권말이나 권두에 싣는다. 권말 맨 끝 홀수 면에 넣는 것이 일반적이지만 짝수에 넣기도 한다. 요즘은 권두 2쪽이나 4쪽에 들어간 책도 자주 목격된다. 책 제목, 저자 혹은 역자, 인쇄 및 발행 날짜, 중쇄 및 개정판 여부, 책의 출판과 제작에 참여한 사람들과 같은 요소는 위쪽에, 출판사명, 출판등록, 주소, 전화번호, 이메일, SNS 계정, 홈페이지, 그리고 ISBN은 아래쪽에 배치한다. 저작권 사항은 서지 사항 밑에 표기한다.

양장본의 경우 저자 약력은 앞날개에 싣지만 도서관에서 앞날개를 빼고 서가에 진열할 것을 요량해 판권에도 싣는다. 반양장본이면서 번역서의 경우 앞날개에 저자 약력과 같이 옮긴이 약력을 싣지 않았다면 판권 윗부분에 따로 싣기도 한다.

출판사는 판권을 통해 독자들에게 이 책이 1쇄 출간 후 얼마 만에 2쇄를 찍었는지, 총 몇 쇄를 찍었는지 하는 책의 이력을 제공한다. 또 언제 창립한 출판사인지, 이 책에는 얼마큼의 인원이 참여했는지 하는 정보를 제공한다.

내지의 구성 약표제→표제→머리말→차례→일러두기→속표제→본문 →각주→부록→참고문헌→찾아보기→후기→판권

교정·교열의 베테랑이 되는 법

1. 기본 정보 확인하기

수치나 지역 이름, 사건 발생 연도, 병기한 한자나 외국어 스펠 등은 반드시 확인하고 넘어간다.

2. 국립국어원 사전 검색하기

나의 기억을 믿지 말자. 사소한 것 하나라도 찾고 또 찾는다.

3. 나쁜 문장 손보기

지루한 만연체, 주어와 술어의 구조가 애매한 글, ~적·~의·~것·~되다·~있다 등 불필요한 단어를 습관적으로 반복한 글, 쉼표·말줄임표와 괄호 속 원문 병기가 너무 잦아 가독성이 떨어지는 글은 지체 없이 고친다.

4. 중복 문장 지우기

같은 내용이 앞뒤로 반복되는 원고는 흔히 만날 수 있다. 저자는 강조하기 위해, 또는 상황을 설명하기 위한 반복이라고 변명하지만 꼭 필요하지 않다면 중복 문장은 지워버리자.

5. 원판 불변의 법칙 상기하기

편집자가 고치면서 지체되고, 본문 디자이너가 수정하느라 또 지체된다. 편집자들은 말한다. "원판 불변의 법칙!" 저자 선택이 잘못되었다고 판단한다면 과감히 포기할 수도 있어야 한다.

판형은
첫 결정이 중요하다

책의 가로×세로 사이즈를 판형이라 한다

'판형'은 국판, 국반판, 국배판, 46판, 46배판, 신국판, 크라운판 등 종류가 다양하다.

판형은 종이의 규격과 밀접한 관계가 있는데, 종이의 대표적인 것은 국전지와 46전지이다. 국판 계열의 책은 국전지에, 46판 계열의 책은 46전지에 인쇄를 한다.

판형은 책의 성격이나 원고의 분량, 그리고 책을 읽을 독자층이 누구 인지에 따라 달라진다. 뿐만 아니라 종이의 선택과 책의 디자인에도 큰 영향을 끼친다. 판형이 한 번 결정되면 약간의 예외를 제외하고는 변경 이 거의 없으므로 처음 결정할 때 신중을 기한다.

판형	사이즈(mm)	특징
국반판	105×148	판형이 작아서 대체로 문고본에 많이 쓰인다.
46판	127×188	판형이 작아서 대체로 시집·에세이류에 쓰인다.
국판	148×210	일반 단행본에 많이 쓰인다.
신국판	152×225	국판과 함께 일반 단행본에 가장 많이 쓰인다.
크라운판	176×248	대체로 대학 교재나 중고등학교 교과서에 쓰인다.
46배판	188×257	대체로 참고서나 시사 주간지·화보집에 쓰인다.
국배판	210×297	대체로 컬러 화보의 비중이 높은 잡지에 쓰인다.

─────── 책의 판형별 크기 ───────

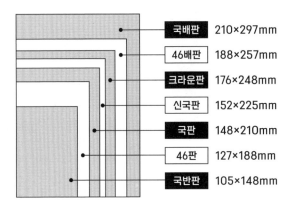

국배판	210×297mm
46배판	188×257mm
크라운판	176×248mm
신국판	152×225mm
국판	148×210mm
46판	127×188mm
국반판	105×148mm

본문의 가로×세로 사이즈를 판면이라 한다

'판면'이란 본문을 펼쳤을 때 인쇄가 된 가로와 세로의 사이즈를 말한다. 판면은 서체의 포인트, 행간과 자간, 행장, 행의 수, 면주의 위치,

상하좌우 여백의 크기 등 다양한 방법으로 변화를 줄 수 있다.

용어	특징
포인트	글자의 크기를 말한다. 책을 읽는 독자층을 고려해 정한다. 일반 독자라면 10.5포인트 내외, 어린이나 청소년층은 그보다 크게, 시니어라면 더 큰 글자를 택한다.
행간	글자의 행과 행 사이를 말한다. 너무 좁아 독서에 방해가 되지 않도록, 혹은 너무 넓어 글의 밀도가 떨어지지 않도록 주의한다. 행간도 독자층을 고려한다.
자간	글자와 글자 사이를 말한다. 독서에 방해가 되지 않는 선에서 바짝 붙이거나 조금 여유를 두기도 한다.
행장	행의 좌우 길이를 말한다. 원고 매수, 목적하는 쪽수에 따라 길어지기도, 짧아지기도 한다. 단행본은 보통 10cm를 선호한다.
면주	편집자들이 흔히 하시라로 일컫는 용어로, 책에서 각 면의 위나 아래에 넣는 장이나 절의 제목을 말한다. 드물게는 본문의 바깥에 두기도 한다.
행수	한 면에 담기는 행의 숫자를 말한다. 원고 매수가 많지 않다면 한 판면에 적게 잡고, 원고 매수가 만만치 않아 쪽수가 너무 많이 나올 것 같으면 빽빽하게 잡는다. 책의 성격에 따라 달라진다.
판면의 여백	인쇄되지 않은 주위의 공간을 말한다. 책의 성격에 따라, 출판사의 선호에 따라 달라진다. 위의 여백을 더 잡거나 아래 여백을 더 잡기도 한다. 오른쪽 여백보다 왼쪽 여백은 제본 시 접히는 면을 감안해 1cm 정도 더 넓게 레이아웃을 하는 출판사도 있다.

이 책 『편집자가 되기로 했습니다』는 국판에 본문 10.5포인트, 행간 22포인트, 자간 -20, 행장 10.1cm, 행의 수는 20행, 본문 아래 면주로 디자인했다.

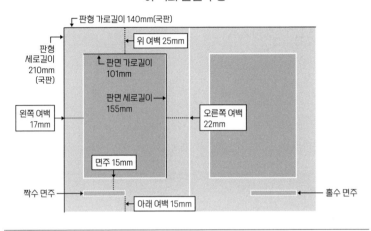

─── 이 책의 판면 구성 ───

판형 가로길이 140mm(국판)

위 여백 25mm

판형 세로길이 210mm (국판)

판면 가로길이 101mm

판면 세로길이 155mm

왼쪽 여백 17mm

오른쪽 여백 22mm

면주 15mm

짝수 면주

홀수 면주

아래 여백 15mm

판면 디자인→초교 단계로 넘어간다

판면 디자인=본문 디자인=본문 레이아웃=본문 조판=본문 판짜기, 전부 같은 표현이다. 최종 원고가 들어오면 편집자는 본문 디자이너와 상의해 조판을 시작한다. 본문과 표지 모두 인디자인 프로그램을 활용해 작업을 하는데, 중쇄나 개정판 작업 시 이전 작업에 쓰인 퀵(quark) 프로그램을 활용하기도 한다.

타깃 독자, 원고의 성격, 원고의 양, 이미지와 부속 자료, 출간일자 등을 감안하여 세세한 부분을 디자이너와 같이 결정한다. 애초에 나온 디자인대로 끝까지 진행하는 경우도 있지만 교정을 보면서 미흡한 점을 점차 보완해나간다.

본문 디자이너에게는 디자인 의뢰서를 써서 전달한 다음, 구두로 의견을 조율하는 것이 능률적이다.

디자인 의뢰서는 상세하게

디자인 의뢰서에는 다음과 같은 사항을 기재한다.

확인 사항	설명
가제목과 차례	차례를 보면서 본문 디자이너는 전체 디자인의 윤곽을 가늠한다.
핵심 독자	독자층을 알아야 서체 포인트의 크기, 행간, 행수를 확정한다.
판형	본문 디자인이 결정되는 가장 중요한 요소이다.
원고 매수	전체 부피를 알아야 전체 디자인의 양을 측정할 수 있다.
예상 쪽수	판면을 여유롭게 잡을지, 빽빽하게 잡을지 감을 잡는다.
본문 스타일	본문 서체와 포인트, 행간, 행장, 행수는 본문 디자이너와 상의해 결정한다.
종이출력 교정인지, PDF 교정인지	종이출력 교정을 볼지, PDF 교정을 볼지 저자와 미리 상의한다. 또 초교와 재교에서는 종이출력 교정을 보더라도 삼교, 즉 오케이교에서는 PDF 교정을 보는 경우도 있으니 이 부분도 저자와 상의한다. 그리고 디자이너에게도 이 사실을 알려 용지를 낭비하지 않는다. 노안의 정도가 좀 높은 저자일 경우 확대 출력한 교정지를 전하면 편집자의 배려에 감사한다.
사진·그림·도표	본문 상단에 넣을지, 하단에 넣을지, 상하단에 자유롭게 넣을지를 결정해주어야 작업이 매끄럽다.

각주의 위치	원고 상태로도 알 수 있지만, 본문 아래 들어가는 각주인지 책 뒤에 들어가는 미주인지는 한 번 짚고 넘어간다.
부속 자료	각주와 참고문헌, 부록, 용어해설 등 부속자료의 얼개를 알아야 작업의 양을 가늠할 수 있다.
컬러 혹은 별색	본문 전체가 컬러라면 도드라지게 강조하고 싶은 부분을, 먹과 별색 2도라면 별색으로 처리할 곳을 알려주어야 판면 디자인 시 계획을 짠다.
출간 목표일	본문 디자이너도 편집자와 마찬가지로 한 가지 책만 진행하지 않는다. 다른 책과 일정을 조율하기 위해서 필요하다. 계절별, 시기별 등 특정 시기에 출간되어야 할 책이라면 더욱 그러하다.

시안은 두 가지 이상 요청하자

디자인 의뢰서와 같이 본문 파일과 그림·사진 파일, 경쟁도서나 참고 도서의 견본을 넘긴다. 본문은 전체를 조판하지 말고 시안을 먼저 의뢰 한다. 시안은 두 가지 이상 받을 것을 권장한다. 한 가지보다 둘 이상에 서 고르는 것이 낫기 때문이다. 여러 개의 시안 중 하나를 고를 수도 있 지만, 몇 가지 중에서 장점을 따서 결정을 할 수도 있다. 시안은 빠른 시 간 안에 결정해 본문 디자이너에게 알려준다.

초교에서 그림이나 사진 자료를 앉히는 것이 좋지만 사정이 여의치 않 을 경우 적어도 재교 단계에서는 앉혀서 교정 실수를 줄여나간다.

디자인 요소가 강한 약표제와 표제, 속표제는 주로 표지 담당자가 맡는다. 표지와 본문의 서체나 분위기를 통일하는 것이다. 이것도 본문 조판 시 앉히는 것이 가장 바람직하지만, 디자인이 넘어오지 않았다면 해당 쪽수는 비워두었다가 적어도 재교 단계에서는 앉혀서 완성된 본문을 가늠한다.

시안 작업도 끝나고 자료도 전달했다면 마지막으로 작업일정을 잡는다. 일정은 책의 형태에 따라 달라지는데, 본문 텍스트가 많거나 레이아웃 요소가 많거나 작업 공정이 까다롭다면 좀 여유롭게 잡는다.

디자이너가 조판하는 동안 가끔 찾아가서 가벼운 분위기를 조성하며 제대로 진행되고 있는지 살핀다. 조판을 다 해놓았는데, 이쪽의 설명을 잘못 알아들은 채로 작업이 끝났다면 시간과 에너지의 낭비이기 때문이다.

자, 이제 본문이 조판되었다. 책의 쪽수도 윤곽이 정해졌다. 좀 더 정확진 편집일정을 잡고 초교를 보기 시작하자.

판면 디자인 순서 판형 정하기→포인트나 행간 등 판면의 여러 요소 정하기
→판면 디자인 의뢰서 작성하기→본문 디자이너에게 디자인 의뢰하기
→조판이 끝나면 편집일정 잡기→초교 시작하기

교정·교열은
편집자의 기본 업무

교정·교열·윤문의 차이

'교정(校正)'은 맞춤법이 틀린 글자나 빠진 글자, 문법에 맞지 않는 글자 등을 바로잡아 고치는 일이다.

'교열(校閱)'은 원고의 내용 가운데 잘못된 것을 바로잡아 고치거나 올바르지 않은 문장, 즉 비문을 올바른 문장으로 고치는 일이다.

'윤문(潤文)'은 문장이 독자들에게 쉽게 전달되도록 단어 또는 어순 등을 고루 살펴 부드럽게 다듬는 일이다.

이 모든 과정을 통칭해 '교정(校訂)'이라고 할 수 있다. 편집장이 "그 책 얼마만큼 진행되었어?"라고 물었을 때 "네, 교정 중이에요"라고 대답한다면 원고 검토, 조판, 교정, 인쇄, 제본의 전체 단계 중 교정(校訂)이 진행되

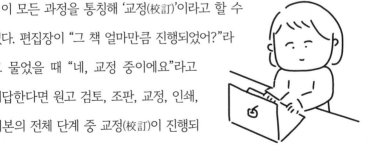

고 있다고 말한 것이다.

교정의 3단계, 오류를 최소화하기 위한 장치

교정은 보통 초교→재교→삼교의 단계를 거친다. 저자가 교정지상에서 계속 첨삭을 하거나, 권두와 권말의 요소가 다양하거나, 그림이나 사진 등의 게재 숫자가 많거나, 학술서적처럼 공정이 까다로운 책은 삼교를 넘어 사교, 오교 이상을 보기도 하지만 여기서는 삼교를 오케이교로 설정한다.

초교부터 오케이교까지 종이로 출력한 교정지를 볼 수도 있지만, 여기서는 초교→재교는 종이 출력을, 삼교는 PDF(Portable Document Format)상에서 교정을 보는 것으로 설정한다. PDF 교정을 보면 교정지를 한 번 더 뽑지 않으므로 경비가 절감되고, 시간과 동선이 단축되는 이점이 있다.

저자에게는 초교→재교→오케이교를 모두 보내 확인한다. 저자와 협의하여 재교는 생략할 수도 있다.

교정부호

교정을 지시할 때는 교정부호에 따라야 한다. 교정부호나 지시 사항은 흘려 쓰지 말고 또박또박 정체로 쓴다. 그래야 수정 시 헷갈리지 않아 시간이 단축된다. 수정하려는 글자를 정확히 지적하고, 교정부호가 서로 겹치지 않도록 한다. 수정 사항은 가장 가까운 위치의 여백에 기입한다.

교정은 본문과 구별되는 색으로 본다. 일반적으로 빨간색 펜을 가장 많이 쓴다. 빨간 펜으로 교정을 가득 보아놓은 상태가 꼭 딸기밭 같다 하여 '딸기밭'이라는 표현이 생겼을 정도다. 교정자와 저자의 펜 색깔 또한 달라야 한다. 연필로 교정을 보는 것은 금물이다. 연필로 쓴 글씨는 잘 보이지 않아 작업이 더디다.

초교→재교는 시간을 충분히 들여야

본문 디자이너의 손을 거쳐 초교가 나왔다. 이 과정은 확인할 것도, 검색해야 할 것도 가장 많은 단계이다. 집중력이 필요하고 자신의 지식을 총동원해야 할 만큼 난이도가 높다.

편집자는 왼쪽에는 원본을, 오른쪽에는 교정지를 놓는다. 조판 과정에서 한글이나 워드 파일을 텍스트로 변환할 때 다른 글자로 바뀌거나 부호 등이 변하는 경우가 있으므로 한 행, 한 행 짚어가며 확인한다. 문장이나 단어가 누락된 것은 없는지 살핀다.

서체나 글자의 크기가 제대로 적용되었는지, 장-절-항은 원고에 맞게 배치되었는지 점검한다. 그림이나 사진이 제자리에 들어가 있는지, 컬러나 별색으로 지정한 것이 제대로 되었는지, 한자나 영어 병기 시 포인트를 한 단계 내렸는지 살핀다. 이처럼 기초적인 확인은 초교 단계에서 확실히 짚고 넘어가야 다음 단계가 수월하다.

원고를 읽을 때와 '이제 작업 시작이다' 하는 마음가짐으로 초교를 볼 때는 완전히 다르다. 원고에서 잘 보이지 않던 오류는 초교를 보면서 많이 잡힌다. 초교는 고칠 것도 많고 시간도 많이 걸리므로 일정을 넉넉하게 잡아 이때가 아니면 잡을 수 없는 오류를 발견해내자.

중언부언하거나 설명이 중복되는 부분은 삭제한다. 임의로 결정하기 어렵다면 저자에게 부탁한다. 비문이나 속어를 정리하고 넘어간다. 인명이나 지명, 연도 표기, 역사적인 사실이 틀리지 않았는지 살핀다.

거친 문장, 어법에 맞지 않는 문장, 통일되지 않은 표기, 적절하지 않은 표현을 정리한다. 의문이 나는 곳은 연필로 의문점을 메모해놓아 저자가 확인할 수 있도록 한다.

초교를 보면서 통일한 것, 재교 시 스스로 주의할 것, 저자에게 전달할 사항 등은 메모를 남긴다.

초교를 본 다음 저자에게 보낸다. 간단한 의문은 교정지의 여백에 연필로 의견을 적고, 의문 사항이 많을 경우 파일로 정리해 전달한다. 교정자가 빨간색으로 교정을 보았다면 저자는 다른 색, 예를 들어 파란색으로 교정을 봐달라고 부탁한다.

초교를 끝내면 온라인·오프라인 서점의 홍보용으로 1쪽 정도의 간단한 보도자료를 써서 영업자와 온라인 마케터에게 넘긴다.

저자의 의견까지 반영해 수정된 재교지가 교정자에게 전달되었다. 왼쪽에 초교, 오른쪽에 재교를 놓는다. 빨간 펜으로 교정을 본 초교와 대조하는 것을 '적자(赤字) 대조'라 하는데, 이 과정을 철저히 한다. 허술하게 해서 초교 작업이 무효가 된다면 이보다 큰 손실은 없다. 편집자가 요구한 대로 제대로 수정되었는지 확인한다. 재교 때 초교에서 놓친 것은 없는지 확인 과정을 한 번 더 거친다.

작업 일정상 재교 때는 책의 제목이 정해지고 표지가 완성되어 있어야 한다. 표지가 완성되었다면 디자이너에게 약표제와 표제, 속표제 등 디자인 요소가 가미된 파일을 받아 본문에 앉힌 다음 재교 시 확인한다. 차례, 참고문헌, 부록, 판권 등 부속물의 원고가 빠지지는 않았는지도 확인한다.

삼교=오케이교, 정신 바짝 차리자

권두, 본문, 권말의 요소가 전부 앉혀진 삼교는 책이 출간되었을 때의 형태와 흡사해야 한다. 그래야 최종적으로 확인한다는 느낌이 들기 때문이다.

PDF로 교정을 보는 오케이교는 마지막 단계이므로 정독을 원칙으로 한다. 권두, 본문, 권말의 배치와 제목 등을 최종적으로 확인하고, 차례와 본문을 대조해 쪽수가 틀리지 않도록 주의한다.

찾아보기는 쪽수에 변동이 없을 거라는 확신이 서면 작업에 들어간다. 가나다 순으로 되어 있는지, 같은 단어가 중복되진 않았는지, 쪽수는 맞는지를 확인한다.

마지막으로 인쇄 대수를 맞춘다. 인쇄 대수를 맞춘다 함은 종이의 낭비를 미연에 방지하기 위해 쪽수를 대수에 맞게 조정하는 것을 말한다. 즉 전체 쪽수를 16 또는 8로 나누어 자투리 없이 떨어지면 되는 것이다. 만약 대수가 맞지 않는다면 돈땡(같이걸이) 처리를 할 수 있는지 판단하고, 불가능하다면 본문의 쪽수를 대수에 맞추어 가감한다. 본문에서 가감하는 것이 힘들다면 찾아보기, 참고문헌 등 부속에서 처리해보거나, 뒤에 둔 판권을 권두로 옮긴다.

최종 PDF가 완성되었다. 제작 담당자와 의논해 인쇄소를 결정하고, 최종 PDF를 인쇄소의 웹하드에 올린 다음 연락한다.

인쇄용 PDF 확인, 끝까지 집중한다

인쇄소에서는 출판사에서 송고한 최종 PDF를 CTP 출력용 PDF 파일로 변환해 웹하드에 올려준다. PDF 변환 과정에서 오류가 생길 수 있으므로 PDF 파일을 다운받아 차분히 점검해 사고를 방지한다. 깨진 글자는 없는지, 한 면에서 다음 면으로 넘어갈 때 글자가 잘린 것은 없는지, 숫자·약물이 깨지거나 진하게 나온 것은 없는지, 그림이나 사진이 누락된 것은 없는지, 각주가 있다면 제자리에 잘 들어가 있는지, 색은 제대로 구현되었는지 등등.

이상이 없으면 인쇄소에 오케이 사인을 보낸다. 사인을 받은 인쇄소에서는 CTP 출력을 진행한 다음 인쇄 일정을 잡는다. 이 단계가 올 때까지 언론사에 배포할 보도자료를 쓰지 못했다면 제작을 기다리는 동안 작성한다.

인쇄 준비단계 최종 PDF를 인쇄소의 웹하드에 올리기→인쇄소에서 올린 CTP 출력용 PDF 파일을 다운받아 확인하기→이상이 없으면 오케이 사인 보내기→인쇄소 일정 확인하기

편집배열표는 교정의 마침표

편집배열표는 본문 처음부터 마지막까지 세부적인 내용을 정리한 것으로, 권두·본문·권말의 흐름을 읽는 데 중요하다. 머리말, 차례, 약표제, 표제, 속표제, 빈 페이지, 전체 대수, 컬러 또는 별색을 넣는 부분의 대수, 또 앞뒤나 중간에 화보가 들어가는지를 알 수 있기 때문이다. 단행본 제작에도 중요하게 쓰이지만, 수백 권이 넘는 문고본 시리즈일 경우 특히 배열표를 남겨야 담당자가 바뀌어도 중쇄 작업이 원활하다.

편집배열표는 최종 오케이교를 진행하면서 편집자가 작성한다. 편집

자가 한 부를 보관한 다음 제작 담당자, 인쇄소, 제본소에 전달한다. 제작자는 종이발주 시 참조하고, 인쇄소에서는 쪽수가 붙어 있지 않은 인쇄물을 인쇄할 수도 있어 배열표를 보고 그 내용을 체크한다. 제본소에서는 인쇄물이 한꺼번에 도착하지 않으면 임의로 쪽수를 정리하는데, 이때 배열표를 보고 본문 순서를 정한다. 따라서 모든 거래처에 배열표를 전달하는 일은 사고를 줄일 수 있는 안전한 장치이다.

최근에는 전자출판이 정착되어 편집배열표를 작성하지 않는 출판사가 늘고 있다.

EDITOR'S TIP

교정부호

부호	지시 사항	교정 전	교정 후
	수정하기	자 출판편집장 되기	출판편집자 되기
	삽입하기	집 출판편자 되기	출판편집자 되기
V	사이 띄우기	V 출판편집자되기	출판편집자 되기
⌒	붙이기	출판편집 자 되기	출판편집자 되기
	삭제하기	출판편집자가 되기	출판편집자 되기
	줄 바꾸기	출판편집자 되기	출판 편집자 되기
	위치 바꾸기	출판되기편집자	출판편집자 되기
	들여쓰기	출판 편집자 되기	출판편집자 되기
	내어쓰기	출판편집자 되기	출판편집자 되기
	끌어올리기	출판 되기 편집자	출판편집자 되기
	끌어내리기	편집자 출판 되기	출판편집자 되기
明	명조체로	明 **출판편집자 되기**	출판편집자 되기
G	고딕체로	G 출판편집자 되기	**출판편집자 되기**
㊓	원래대로	출판편집자 되기 ㊓	출판편집자 되기
大	대문자로	大 editor	EDITOR
小	소문자로	小 EDITOR	editor

편집자의 화두,
제목 짓기

제목이 반이다

"제목은 지금도 어려워……." 경력 20년 차 편집장의 독백이다.

그렇다, 제목 짓는 일은 참 어렵다. 독자에게 한눈에 매력을 어필하면서도 입에 착 붙을 그것. 한 번 들어도 쉽게 잊히지 않고 기억될 그것.

제목은 본문을 드러내고 표지는 책을 드러낸다. 제목은 온라인이든 오프라인이든 모든 경로에서 처음부터, 표지는 처음 혹은 그다음 단계에서 독자를 만난다. 독자들은 제목과 표지가 마음에 들면 책을 집어 들고, 책장을 열고 내용을 살피기 시작한다. 서점 MD는 신간이 입고되면 제목부터 한번 쓱 훑는다. 신생 출판사나 신인 저자라 할지라도 제목이 시선을 끌고, 주제가 신선하면 고객 왕래가 잦은 중앙 매대에 진열되거나 '오늘의 이 책'에 오를 수도 있다.

그렇다, 제목을 잘 지으면 책 농사는 절반을 마친 것이나 다름없다.

어떤 것이 좋은 제목일까. 짧은 순간 호기심을 끌어낼 것, 보고 돌아섰는데 자꾸 입안에서 맴돌 것, 어떤 내용이 담긴 책인지 단번에 감이 오는 것. 이런 제목은 오케이다.

어떤 것이 나쁜 제목일까. 설명이 필요한 것, 어디선가 본 듯한 것, 지나치게 늘어지는 것. 이런 제목은 아웃이다.

제목을 지을 때 다음 사항을 체크해보자.

- 신선한가.
- 책의 키워드를 명확히 드러내는가.
- 너무 어려운 단어의 조합은 아닌가.
- 독자층을 정확히 파악했는가.
- 부제가 필요하지 않은가.
- 기억하기 좋은가.
- 입에서 입으로 옮기기 좋은가.
- 음률이 맞는가.
- 같은 제목의 책은 없는가.
- 시간이 지나도 여전히 좋을까.
- 참 잘 지었다고 독자들이 칭찬해줄까.

이 책의 제목은 기획 단계에서는 『출판편집자 되기』였다. 『나도 편집자가 되어볼까』『책 만드는 사람으로 살기로 했습니다』『편집자가 되기로 했습니다』 등 여러 가지 안을 거론하다가 현재의 제목『편집자가 되기로 했습니다』로 확정했다. 궁금하다, 독자 여러분은 이 제목을 어떻게 생각하실지?

제목은 누가 정하는가

저자와 편집자가 안을 내고 출판사에서 최종안을 정한다. 원고의 내용을 잘 아는 저자가 가져온 제목, 혹은 기획 단계에서 건진 제목인데 회사 안에서 만장일치로 통과한다면 이보다 좋을 수 없다. 그런데 이런 경우는 흔하지 않다.

담당 편집자는 기획 단계부터 인쇄 전까지 제목을 고민한다. 답이 나오지 않을 때는 원고를 반복해 읽는다. 저자가 쓴 문장과 표현 가운데 좋은 제목 감을 발견하는 경우도 많다. 그럴 때는 밑줄을 긋고 제목 안을 메모한다.

다음 단계는 편집부 직원들에게 묻는 것이다. 담당 편집자가 A4 용지에 대여섯 개의 제목 안을 적어 출력한다. 너무 많으면 의견이 나뉘어 한두 개로 압축하기 쉽지 않기 때문이다. 기안지를 돌리면서 마음에 드는 곳에 표시를 해달라고 한다. 하단 여백에는 각자 떠오르는 안건이 있으면 덧붙여달라고 한다.

출판편집자 되기(가제) 제목 안

1. 나도 편집자가 되어볼까
2. 출판편집자 되기
3. 책 만드는 사람으로 살기로 했습니다
4. 편집자가 되기로 했습니다

다음에는 마케터의 의견을 묻고 그를 통해 서점의 반응도 살핀다. 마케터와 서점 직원은 독자 바로 곁에서 일하는 사람들이므로 시장 상황에 민감하다. 편집자가 생각하는 1순위 제목 안이 그들에게는 그렇지 않을 수 있다. 저자만큼 편집자 역시 원고에 익숙해져 있으므로 한 걸음 거리를 둔 그들의 의견에 귀를 기울인다. 이외에 사내 게시판에 공모하고, 베타테스터에게 의견을 묻는다.

몇 개로 좁혀진 안건을 들고 편집부에서 제목회의를 한다. 보통 편집부에서는 원고가 들어오면 기획 단계부터 공유하므로 담당 편집자와 함께 원고를 잘 아는 사람들이다. 또 그들은 수많은 원고를 다루는 전문가이다. 토론을 거쳐 제목이 하나로 모아졌다.

저자와 제목 안을 논의하는 것이 마지막 단계이다. 제목에 집착하다

보면 책의 내용과 동떨어진 제목을 짓는 경우도 있다. 그럴 때는 저자와 갈등을 빚기도 한다. 편집자는 왜 이 같은 제목을 달았는지, 제목 아래 어떤 표지를 구상할 것인지 설명하고 설득한다. 마케터와 서점 직원의 의견도 덧붙인다. 저자가 수긍을 한다면 제목이 결정된다.

회사 경영진의 오케이 사인이 떨어지면 제목 고민은 이제 끝이다.

제목을 짓는 과정

일반적으로 가제를 붙인 채로 작업을 진행하다가 교정이 거의 마무리될 때쯤 제목을 확정하는 편이다. 가제를 뛰어넘는 제목이 떠오르지 않으면 가제가 그대로 제목이 되기도 하고, 마지막 순간에 겨우 제목을 정하는 책도 있다.

기획 단계에서 제목이 정해지지 않았다면 편집자는 초교부터 오케이교까지 목록을 만들면서 계속 궁리한다. 제목으로 뽑을 만한 명확한 키워드는 무엇인지, 장-절-항 제목 가운데서 뽑을 만한 것은 있는지, 본문 중에서 뽑을 만한 문장이나 단어의 조합은 무엇인지. 홈페이지나 SNS를 통해 제목 안을 공개하고 투표를 통해 정하기도 한다. 온라인 서점에서 제목만 훑어보거나 오프라인 서점으로 나가 매대에 진열된 책이나 서가에 꽂힌 책에서 아이디어를 떠올리기도 한다.

해외 번역서의 경우 원제대로 할지, 원제가 국내 정서에 맞지 않는다면 어떻게 바꿀지 심사숙고한다.

제목은 영감처럼 순간적으로 편집자를 찾아오는 날도 있지만, 대개는 그렇지 않다. 무수한 시행착오를 겪고, 수없이 메모를 하고, 좋은 제목을 파일에 차곡차곡 쌓아놓아야 나를 찾아온다. 제목으로 뻗는 더듬이를 항상 열어놓는 성실함이야말로 좋은 제목을 짓는 첩경이다.

처음부터 무난하게 결정되든, 출간 직전 결정되든 최종 제목을 단 신간은 편집자의 손을 떠나 인쇄가 시작된다. 그런데 밤새 고민하던 편집자 혹은 누군가에 의해 신선한 제목이 떠올랐다. 그럼 어떻게 하나. 인쇄기를 멈추어야지 별수 있겠는가.

제목의 유형을 분석해보기

『꽃으로도 때리지 말라』『추락하는 것은 날개가 있다』『왜 세계의 절반은 굶주리는가?』. 독서를 끝내고 난 후 표지의 제목을 손으로 쓸며 '참 잘 지었다……' 하고 가만히 되뇌었던 책들이다. 편집자는 이처럼 오래도록 우리의 기억에 머무는 제목을 남기는 것이 목표일 텐데, 참 쉽지 않다. 영감이 잘 떠오르지 않을 때는 다음과 같은 유형을 참조해보자.

• 단음절 명사형

『토지』『혼불』『사피엔스』 등. 단음절의 간결함에다 묵직한 무게감이 느껴지는 유형이다. 책의 주제나 키워드를 온전히 드러내고 있다.

· ~수업, ~강의, ~공부형

『라틴어 수업』『달라이 라마 하버드대 강의』『하루 한자공부』등. 영업부에서는 제목 마지막에 수업·강의·공부 같은 단어가 들어간 제목을 선호한다. 학부형들이 이런 유형의 제목이 들어가면 점수를 후하게 준다는 믿음 때문이다. 실제로 판매지수가 양호한 책이 많다.

· 문학작품 차용형

『추락하는 것은 날개가 있다』『무소의 뿔처럼 혼자서 가라』『바람이 분다 당신이 좋다』등. 세계 명작이나 시에서 제목을 뽑으면 문학성이 담보되므로 근사해 보인다.

· 독자층 확정형

『서른 살이 심리학에게 묻다』『심리학이 서른 살에게 답하다』『마흔, 논어를 읽어야 할 시간』등. 독자층을 확실하게 정할 수 있다.

· 대구법 활용형

『죽고 싶지만 떡볶이는 먹고 싶어』『햇빛은 찬란하고 인생은 귀하니까요』『집에 있는데도 집에 가고 싶어』등. 운율이 감지되며 자꾸 되뇌게 된다.

· 유명 저자 등장형

『헤르만 헤세 시집』『무라카미 하루키를 읽는 오후』『걷는 사람, 하정우』 등. 유명세를 타고 있는 저자를 앞에 내세우면 기본 판매는 무난하다.

· 주인공 등장형

『위대한 개츠비』『톰 소여의 모험』『완득이』 등. 주인공의 활약상이 궁금해지는 유형이다.

· 컬러 차트형

『내 이름은 빨강』『하얀 전쟁』『검은 꽃』 등. 제목이 영상처럼 뇌리에 남는다.

· 트렌드 반영형

『90년생이 온다』『82년생 김지영』『혼밥육아』 등. 애초에 트렌드를 반영해 짓는 제목도 있지만 『아프니까 청춘이다』처럼 책이 유명해져 트렌드가 되는 제목도 있다.

· 숫자 노출형

『성공하는 사람들의 7가지 습관』『따뜻한 영혼을 위한 101가지 이야기』『의사에게 살해당하지 않는 47가지 방법』등. 가장 흔히 접할 수 있으면서 짓기 쉬운 제목이다.

표지에 눈길이 머무는 시간,
단 3초!

표지는 어떻게 구성되는가

우리가 흔히 접하는 단행본인 반양장제본의 표지는 앞표지, 앞날개, 뒷날개, 뒤표지, 책등의 다섯 부분으로 구성된다. 앞표지부터 뒤표지까지 네 부분을 편의상 표1, 표2, 표3, 표4로 부른다. 반양장제본에 대해서는 2장 8절 '인쇄·제본을 제작단계라 부른다'에서 자세히 다루겠다.

편집자와 저자뿐 아니라 한 권의 책 제작에 참여하는 모든 사람에게 시안부터 최종 오케이까지 표지는 초미의 관심사이다. 편집자는 제목 다음으로 표지에 애정을 쏟는다. 서점 평대에 놓인 표지에 독자의 눈길이 머무는 순간은 단 3초에 불과하다. 그만큼 표지는 구매의 첫 단계라 할 만큼 중요하다.

원래 표지는 본문을 보호하기 위한 수단으로 등장했다. 꿰매거나 풀 칠해서 제본한 본문의 종이 묶음을 오래 유지시키고자 한 방책이었던 것이다. 이제는 책을 보호하는 기능에서 한 걸음 더 나아가 책의 이미지를 드러내어 판매에 결정적인 역할을 할 만큼 비중이 높아졌다.

앞표지는 책의 얼굴

표지라 할 때 우리는 통상 앞표지를 먼저 떠올린다. 독자들은 서점에서 책을 고를 때 앞표지→뒤표지→앞날개→뒷날개의 순서로 본다는 통계가 있다. 앞표지는 그만큼 중요하다.

앞표지에는 책의 제목 및 부제, 저자명, 출판사 로고가 들어간다. 또 책의 내용을 함축한 한두 문장을 곁들인다.

예전에는 표지에 제목만 인쇄하는 데 그쳤지만 요즘은 이미지를 활용하지 않는 책이 거의 없다. 표지의 이미지로는 명화나 사진, 일러스트가 주류를 이루지만 새로운 서체를 활용한 타이포그래픽도 중요한 요소이다. 유명 저자라면 인물사진을 새로 찍거나 얼굴을 캐리커처로 표현해 넣는다.

초판 발행 후 추천도서·수상도서에 선정되거나 책 판매에 획기적인 이슈가 등장하면 스티커를 제작해 붙인다. 금박이나 형압이 들어간 스티커는 주목도를 높여주기도 한다.

앞날개엔 저자 프로필을

앞날개는 앞표지를 안쪽으로 접어서 꺾어 넣은 면으로, 주로 저자 사진과 프로필을 싣는다. 프로필이 길 경우 뒷날개로 이어질 수 있다.

독자들은 앞날개에 실린 사진으로 저자에 대한 궁금증을 풀고 분위기를 확인한다. 또 프로필을 통해 저자에 대한 정보를 얻는다. 프로필은 저자에 대한 객관적인 사실에다 책과 관련한 독특한 이력을 덧붙인다. 교양서, 에세이, 실용서 등 책의 성격에 따라 서술을 달리한다. 저자의 원고를 그대로 싣기도 하지만, 편집자가 정리한 다음 저자의 승낙을 얻어 싣기도 한다.

양장본 커버가 있는 경우 도서관에서 커버를 벗기고 서가에 진열하기도 하므로 저자 프로필을 판권에 한 번 더 실어준다. 번역서는 저자와 역자의 프로필을 위아래로 나열한다. 그 외에 표지 디자이너의 이름이나 단체명, 저자가 운영하는 사이트의 주소를 적는다.

뒷날개는 책의 광고판

뒷날개는 뒤표지를 안쪽으로 접어서 꺾어 넣은 면이다. 뒷날개는 다양한 방법으로 홍보를 할 수 있어 표지 가운데 가장 자유로운 공간이다.

해당 저서를 광고할 수 있다. 뒤표지에 추천사를 계획한다면 여기에는 저자의 머리말이나 본문 중에서 일부를 발췌해 소개하거나 간단한 차례를 싣는다.

출판사의 책을 광고할 수 있다. 저자의 책이 그 출판사에서 여러 권 간행되었다면 싣는다. 또 출판사의 책 가운데 해당 저서와 주제가 같은 책을 싣는다. 그도 아니면 출판사의 간행물 가운데 임의로 싣는다.

시리즈물이라면 시리즈의 목록을 싣는다.

실용서라면 핵심 내용을 첫째, 둘째 등으로 정리해 싣는다.

뒤표지는 앞표지를 보완한다

뒤표지는 제목과 앞표지에 시선이 꽂힌 독자들이 그다음으로 넘겨보는 지면이다. 그러므로 앞표지에서 다 담지 못한 내용을 보완해주어야 한다.

뒤표지에는 주로 책에 대한 정보가 들어간다. 책의 특징을 잘 드러내는 헤드카피 한 줄, 서브카피 두세 줄, 그리고 본문의 핵심 문장을 싣는다. 혹은 추천사를 싣기도 한다. 정가를 비롯해 바코드와 ISBN은 하단에 넣는다.

편집자는 교정지를 포함해 원고를 여러 번 읽는다. 그럴 때마다 줄을 긋고 메모를 해두면 헤드카피와 서브카피, 핵심문장을 고민할 필요가 없다. 혹은 저자의 머리말도 좋은 재료이다. 책을 왜 썼는지, 책의 장점은 무엇인지, 누구를 독자층으로 삼고 있는지 하는 핵심을 담고 있으므로 그 가운데 한두 단락을 자르거나 이어 붙이는 식으로 응용한다.

번역서는 역자 후기에서 찾는다. 역자 후기를 잘 청탁해서 좋은 글을 받아놓았다면 활용할 만한 대목이 있을 것이다.

ISBN(International Standard Book Number)은 국제표준도서번호이다. 국제적으로 표준화된 방법에 따라 전 세계에서 출판되는 도서에 부여하는 고유번호로, 도서관의 책 분류나 서점 유통 시 컴퓨터화와 정보·관리의 일원화에 쓰인다. ISBN이라는 문자 뒤에 국가·발행자·책명을 식별하는 국제표준도서번호 13자리와 부가번호 5자리로 구성된다. 부가번호는 책의 성격을 규정하고, 서점 평대의 위치를 결정하는 중요한 사항이므로 신중하게, 그리고 마케팅 부서와 의논해 결정한다.

ISBN은 판권과 뒤표지에 표기하는데, 띠지가 있다면 여기에도 잊지 말고 넣자. 각각의 도서번호가 틀리지 않도록 한다. 판권의 ISBN을 디자이너가 뒤표지와 띠지로 옮겨 적는 과정에서 실수가 생겨 표지와 띠지를 다시 인쇄하는 사고가 가끔 일어난다. 표지의 코팅 등 후가공까지 끝났다면 제작비가 더 올라가니 주의한다.

바코드는 ISBN을 검은색의 세로줄로 표시하여 컴퓨터로 인식할 수 있게 한 부호로, 도서유통의 전산처리를 체계화하기 위한 것이다. 대부분 뒤표지 하단에 넣지만 디자인에 따라 앞표지로 위치를 옮긴 사례도 드물게 눈에 띈다.

정가와 ISBN과 바코드는 한 묶음으로 따라다녀야 한다.

추천사는 누구에게 받아야 효과적일까

"책 뒤표지, 400자의 힘." 추천사에 대한 한 언론의 헤드카피이다. 뒤표지에 실리는 추천사는 대략 400자에 불과하지만 '그 힘은 강력하다'라는 표현이 녹아 있다.

책의 주제와 관련된 유명 인사의 추천사를 받을 때는 최종 PDF나 가제본을 전달하면서 일정이나 원고 분량을 언급한다.

자발적으로 고료 없이 써주는 경우도 있지만, 대개 원고지 2~4매에 20~50만 원 선이다. 덧붙이자면 신문이나 잡지의 원고료는 매당 1~2만 원 선이다. 출판사에서 이렇듯 비용을 감수하며 굳이 추천사를 받으려는 이유는 추천사를 제대로 활용하면 구매로 직결되고, 홍보 효과도 바랄 수 있기 때문이다. 이렇다 보니 소설, 에세이, 과학, 심리학 등 각 분야에서 이름이 알려진 전문가에게 추천사가 몰린다. 또 소셜 미디어가 발달하면서 최근에는 파급 효과가 큰 인플루언서들이 환대를 받는다.

번역서라면 원서에 실린 글이나 해외 서평이나 세계 각국 언론이 관심을 보인 글을 발췌해 싣는다.

띠지는 독자를 이끄는 작은 광고판

'띠지'는 서점에 진열되었을 때 독자의 시선을 끌 목적으로 책의 하단에 두르는 종이 띠이다. 대개는 표지와는 다른 눈에 띄는 색상을 쓰고, 한두 문장으로 축약한 짧은 카피를 얹는다. 작가의 이미지가 독특하다면 작가를 부각하는 카피를 쓴다.

1쇄부터, 혹은 출간 이후 판매부수가 급등하거나, 수상도서·추천도서로 선정되거나, 유명 저자의 추천사를 받거나, 드라마나 영화화가 확정된 경우 2쇄 이후 제작해 두른다.

띠지를 두르면 뒤표지의 정가와 바코드, ISBN을 가리므로 한 번 더 표기해준다.

면지의 색상도 신중히 고르자

앞뒤 면지는 표지와 본문 사이에 넣어 책을 견고하게 만든다.

표지는 본문보다 두꺼운 용지를 사용하므로 본문 용지와 직접 붙이기가 힘들다. 아트지 등을 사용한 표지에 좀 얇은 모조지의 본문을 접착시킬 때 중간 무게와 중간 두께 정도로 면지를 사용하면 제본이 수월하다.

면지에는 대부분 아무 내용이 없지만 가끔 본문을 보충하는 그림 혹은 저자의 친필 사인을 인쇄하기도 한다. 번역서는 세계 언론의 찬사를 앞뒤 면지에 인쇄하는 경우도 있다.

면지의 색상은 대부분 앞표지와 비슷한 계열을 골라 통일감을 준다.

책등의 제목은 눈에 잘 띄게

'책등'이란 앞표지와 뒤표지의 연결 부분을 말한다. 이전에는 세네카, 세모지라는 일본 용어를 사용했으나 요즘은 책등으로 부르기를 권장한다. 책등에는 책의 제목, 저자명, 출판사 로고가 들어간다.

표지 시안이 나와 평면인 상태에서 판단이 되지 않으면 입체로 접어서 다른 책들 사이에 꽂아본다. 독자들은 개인의 책장, 도서관이나 서점의 서가에서 책등을 보고 책을 찾는다. 그러므로 시안에서 장단점을 파악해 수정해야 한다. 제목은 눈에 잘 띄는지, 서체가 너무 가는 것은 아닌지 등등. 또 제목이 너무 길면 책등에 앉힐 때 애를 먹을 수도 있으니 염두에 둔다.

책등에서 제목은 전형적인 세로쓰기나 영문자 구성방식인 가로쓰기로 하는데, 어느 쪽이든 결정하기 나름이다.

책등에는 면지와 본문 용지가 붙어 있다. 책 전체 두께는 종이의 종류와 쪽수에 따라서 달라진다. 페이퍼프라이스와 같은 앱을 활용해 계산해도 되고, 제지회사에 문의하여 도움을 받을 수도 있다.

반양장제본의 표지 구성 앞표지→앞날개→앞면지→책등→뒷면지
→뒷날개→뒤표지→띠지

표지 디자이너와 충분히 상의한다

표지 디자인을 의뢰할 때는 편집자가 준비해야 할 것이 많다. 먼저 출판사의 디자인 의뢰서 양식에 필요한 내용을 기입한다. 도서명, 저자명(번역서라면 원서명, 원저자명), 판형, 제본 형태, 예상 쪽수, 정가, 분야, 발행 예정일, 작업일정 등을 기입한다.

디자인 의뢰서와 함께 편집배열표, 책의 요약문과 머리말, 차례 등 작업 시 필요한 각종 문안을 정리한 파일도 첨부한다. 사진이나 일러스트 파일이 있다면 같이 올린다. 번역서라면 디자인 시 참조할 수 있도록 원서, 주제가 비슷한 유사도서, 참고도서를 전달한다.

내지의 가로×세로 사이즈를 확인할 수 있도록 본문 디자이너에게 본문 PDF를 표지 디자이너에게 전하라고 한다.

표지 디자이너도 몇 권의 책을 항상 동시에 진행하므로 작업 시간을 넉넉히 두고 의뢰한다. "이러저러하게 해주세요"라는 백 마디 말보다 디자인 의뢰서에 정확히 쓴 다음 디자이너와 충분히 소통한다. 시안은 두세 가지 이상 해달라고 미리 말한다.

1차 시안이 나오면, 제일 먼저 책의 형태로 접어 비슷한 판형, 비슷한 두께의 책 위에 씌워 디자인된 느낌을 살핀다. 서점처럼 바닥에 눕혀서도 보고, 책장에 꽂아서도 본다. 멀리서도 가까이서도 본다. 글자가 너무 빼곡해 복잡하다고 느끼면 덜어내고, 카피에 힘이 없다면 바꾼다. 서체나 색감을 주의 깊게 들여다본다. 표지와 본문의 조화도 눈여겨본다. 번역서라면 원서와 비교해 어떤 방법이 나을지 곰곰이 생각한다. 표지의 코팅·금박 등 후가공은 어떤 방법을 선택해 돋보이게 할지 숙고한다.

시안을 두고 편집부와 일차적으로 의논한 다음, 책을 판매할 마케터, 책의 핵심 독자군에 속하는 주변 사람들에게 조언을 구한다. 디자이너는 어떤 시안이 좋은지 묻고 편집자의 의견을 덧붙여 최종 안을 끌어낸다. 결론이 잘 나지 않으면 서점으로 가서 책들을 만져본다. 직육면체들의 부피감 속에서 떠오르는 아이디어가 있을 것이다. 가져간 시안들을 평대에, 또 서가에 놓고 사진을 찍어와 디자이너와 의견을 나눈다.

여러 과정을 거쳐 최종 시안이 결정되었다면, 표지 디자이너에게 약표제, 표제, 속표제 등 내지의 디자인 파일을 받아 본문 디자이너에게 전달하고, 최종 표지는 저자에게 보여준다. 편집자는 최종적으로 판형을 확인한다. 변형 판형이라면 사이즈까지 확실하게 알고 있어야 이후 제작 진행과정을 정확히 챙길 수 있다.

편집자, 디자이너, 제작자가 의논해 종이의 종류와 제작업체·후가공업체를 결정한다. 제작업체의 특성, 후가공작업의 장단점을 제작 담당자에게 물어 머릿속에 넣는다.

제작발주서를 참조하면서 편집자는 디자이너와 함께 화면상에서 최종적으로 수정한다. 디자이너는 '킨코스코리아'와 같은 출력 전문업체에서 표지 색교정을 내본다. 교정지를 보면서 미흡한 부분을 다시 수정한다. 수정 후 디자이너는 인쇄소에 인쇄를 의뢰하고, 편집자는 인쇄 날짜를 확인한다.

표지 디자인 순서 디자인 의뢰→1차 시안→수정안 전달→디자인 수정
→2차 시안→수정안 전달→디자인 수정→경영진 컨펌→화면 오케이
→최종 시안 출력→저자 확인→색교정→인쇄 송고→인쇄 감리

책의 물성이 드러나는
종이의 선택

다양한 판형, 다양한 용지, 무얼로 정할까

책의 판형은 참으로 다양하다. 다양한 판형만큼이나 종이의 종류도 다양하다. 편집자는 먼저 책의 판형을 결정한 다음 디자이너, 제작자와 의논해 용지를 선택한다. 용지는 본문, 표지, 면지로 크게 나뉘는데, 제지회사에서 대량 생산한다. 출판사에서 필요한 만큼 발주를 하면 각 인쇄소로 옮겨져 인쇄 과정을 거친다. 본문, 표지, 면지 용지로 나누어 살펴보자.

① 본문

본문의 용지는 국전지와 46전지, 46전지 2절, 세 종류를 가장 많이 쓴다. '전지(全紙)'란 자르지 않은 온장의 종이를 말한다. 국전지의 사이즈는 636×939mm, 46전지는 788×1,091mm, 46전지 2절은 788×

545mm이다. 46전지 2절이란 제지회사에서 46전지를 반으로 잘라 제작한 용지이다.

국전지로는 국반판·국판·신국판·국배판 본문을 주로 인쇄한다. 46전지로는 46반판·46판·46배판 본문을 주로 인쇄한다.

본문 용지를 결정한 후 종이 결을 선택한다. 종목과 횡목이 있는데, 종이를 직사각형으로 잘랐을 때 결이 긴 쪽으로 나 있는 것을 종목, 결이 짧은 쪽으로 나 있는 것을 횡목이라 한다. 종이 결을 확인하려면 찢어보면 되는데, 쉽게 똑바로 찢어지는 쪽이 그 종이의 결이다. 종이 결을 잘못 선택하면 책장을 펼쳤을 때 잘 넘어가지 않거나 안쪽이 우는 경우가 생긴다. 따라서 목적하는 책 판형에 따라 알맞은 결의 인쇄 용지를 선택해야 한다. 46판·국반판·국배판 본문의 종이만 횡목으로 사용하고, 나머지는 모두 종목으로 사용한다.

'절수'란 전지 한 장에서 인쇄할 수 있는 쪽수를 말한다. 국전지에서 신국판은 16절이, 46전지에서 46판은 32절이 나온다. 본문은 앞뒤로 인쇄가 되므로 국전지·신국판은 16절×2=32쪽이 나오고, 46전지·46판은 32절×2=64쪽이 나온다.

'대수'란 전지 한 장에서 인쇄되는 본문의 쪽수를 말한다. 신국판은 국전지에서 32쪽이 1대이다. 320쪽의 책이라면 총 10대가 나온다는 뜻이다.

종이의 종류	판형	절수(쪽수)	사이즈(mm)	종이결
국전지 (636×939)	국반판	32절(64쪽)	105×148	횡목
	국판	16절(32쪽)	148×210	종목
	신국판	16절(32쪽)	152×225	종목
	국배판	8절(16쪽)	210×297	횡목
46전지 (788×1,091)	46반판	64절(128쪽)	90×118	종목
	46판	32절(64쪽)	127×188	횡목
	46배판	16절(32쪽)	188×257	종목

책의 총 쪽수는 제각각이므로 인쇄 대수에 꼭 맞게 떨어지지 않을 수도 있다. 즉 총 쪽수를 인쇄 대수로 나누었을 때 4쪽이 남을 수도 있다. 신국판의 경우 32쪽, 16쪽, 8쪽 순서로 대수를 맞추는 게 좋지만 정 안 되면 4쪽이라도 할 수 없다. 해결하는 방법이 있다. 이를 현장에서는 돈땡(=같이걸이=둘러치기)이라 하는데, 전지의 앞면과 뒷면을 같은 판으로 인쇄하는 방식이다.

종이의 포장단위는 연(R)과 속(S)으로 구분한다. 연(Ream)은 종이의 기본 판매단위로, 전지 500매를 1연 또는 1R로 표기한다. 속(Sheet)은 종이의 포장단위로, 매 또는 S로 표기한다. 전지 900매의 종이는 1연 400매 또는 1R 400S로 표기한다.

평량(g/m²)은 1제곱미터당 종이의 무게를 나타낸다. 100g/m²는 가로 1m×세로 1m인 종이의 무게가 100g이라는 뜻이다. 평량의 숫자에 따라 종이의 강도와 불투명도, 두께가 달라진다.

본문 종이로는 미색 모조지를 가장 많이 쓰는데, 간혹 백색 모조를 쓰기도 한다. 백상지라고도 하며, 빛의 반사가 적어 책을 읽기에 좋고 눈의 피로가 덜하다. 본문의 쪽수에 따라 70~100g/㎡의 용지를 가장 많이 선택한다. 본문의 양이 많으면 가벼운 용지를 선택해 볼륨을 줄이고, 본문의 양이 적으면 두꺼운 용지를 선택해 볼륨감을 준다. 본문에 진한 색도가 많거나 올컬러이거나 일러스트·사진이 자주 등장한다면 뒤 비침을 고려해 평량 숫자가 높은 용지를 쓴다. 평량에 따라 책등의 두께가 달라지는 점을 염두에 둔다. 단행본의 본문 종이로는 미색·백색 모조 외에 중질지, 라이언코트, 그린라이트, 이라이트, 엠매트, 마카롱, 클라우드 등을 사용한다.

오른쪽 그림은 신국판 본문을 국전지 종목에 앉힌 것이다. 전지의 한 면을 16절로 나눈 것이며, 전지 한 장의 앞면과 뒷면을 합해 모두 32쪽이 인쇄된다. 여기서는 32쪽이 1대이다.

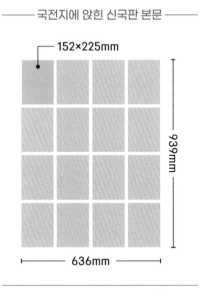

─── 국전지에 앉힌 신국판 본문 ───

152×225mm

939mm

636mm

오른쪽 그림은 46판 본문을 46전지 횡목에 앉힌 것이다. 그림을 보면 알 수 있듯 전지의 한 면을 32절로 나눈 것이며, 전지 한 장의 앞면과 뒷면을 합하여 모두 64쪽이 인쇄된다. 따라서 여기서는 64쪽이 1대이다.

② 표지

표지 종이로는 아트지나 스노우화이트지를 주로 사용한다. 이외에도 아르테·앙상블·랑데뷰·몽블랑을 사용한다. 두께는 보통 200g/m² 이상의 용지를 선택한다.

표지는 국전지와 46전지 두 종류에 다 앉힐 수 있다. 디자이너는 판형을 먼저 확

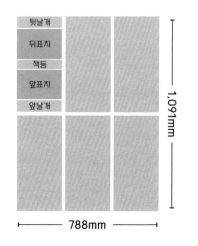

46전지에 앉힌 46판 본문

188×127mm

1,091mm

788mm

46전지에 앉힌 신국판 표지

뒷날개
뒤표지
책등
앞표지
앞날개

1,091mm

788mm

인한 다음 종이의 손실을 최소화하여 디자인을 한다. 여기서는 46전지에 신국판을 앉혔다고 가정하자. 앞의 그림처럼 여섯 권의 표지가 나온다.

책등을 재보자. 신국판 본문 320쪽에다 미색 모조 70g/㎡ 종이를 썼다고 가정하자. 종이 관련 앱 페이퍼프라이스를 활용해보겠다. 페이퍼프라이스→책등 두께 계산→제조사: 무림페이퍼→지종명: 백상지→평량: 70g→쪽수: 320쪽을 순서대로 입력하니 13.2mm가 나왔다. 표지는 대지에 뒷날개→뒤표지→책등→앞표지→앞날개 순서로 앉힌다. 표지의 가로 사이즈를 재보자. 날개는 보통 100mm 내외를 준다. 100mm+152mm+13.2mm+152mm+100mm=517.2mm이다. 제조사마다, 제조시기별로 종이 두께가 줄거나 늘어나므로 여유는 1mm 내외를 준다. 0.8mm를 주니 표지의 총 가로 사이즈가 518mm가 되었다.

종이의 두께는 제지사별·시기별로 조금씩 차이가 나므로 디자이너나 제작 담당자는 제지회사에 전화를 해서 확인하기도 한다. 페이퍼프라이스를 활용해 책등 두께 계산 외에도 종이 소요량 계산, 절수 조견표, 고시가 조회 등과 같은 기능을 이용해보자.

③ 면지

면지는 본문과 표지를 결합시키는 역할을 한다. 두께는 보통 120g/㎡

를 쓴다. 제지회사에서 인쇄
되어 나온 색지를 쓴다. 짙
은 색 면지를 쓰면 저자 사
인을 흰색 펜으로 사용해야
한다는 점을 고려한다.

신국판이면서 앞뒤에 면지
2장씩을 넣으면 46전지에서
5권이 나온다. 계산해보자.

(46전지 앞뒤) 20p×2=40p

40p÷(앞뒤) 8p=5권

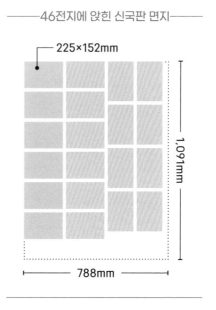

46전지에 앉힌 신국판 면지

225×152mm

1,091mm

788mm

내가 편집하는 책의 종이는 얼마나 필요한가

신국판, 본문 320쪽, 본문 2도, 표지 4도, 면지는 앞뒤에 2장씩,
1,000부로 가정했을 때 필요한 종이는 계산해보면 다음과 같다.

본문 종이의 경우, 국전지에서 10대가 나온다. 정미는 10대×1,000부
÷500=20연. 여분은 2도일 경우 10퍼센트를 더 준다. 20연의 10퍼센트
는 2연. 더하면 22연이다.

표지 종이의 경우, 표지를 46전지에 앉힐 경우 6권이 나온다. 정미는
1,000÷6권=167매. 여분은 보통 4도일 경우 100매를 더 준다. 167매

+100매=267매→끝자리를 십자리 단위로 정리하면 270매→0.54R.

면지 종이의 경우, 46전지에서 5권이 나오므로 1,000부÷5권=200매. 면지는 인쇄 등의 공정을 거치지 않으므로 여분은 많이 필요하지 않다. 여기서는 10매로 하겠다. 200매+10매=210매→0.42R

표로 정리해보면 다음과 같다.

	본문	표지	면지
용지명	미색 모조, 80g/㎡	스노우화이트, 250g/㎡	한솔매직칼라, 120g/㎡
크기/결	국전지/종목	46전지/횡목	46전지
정미	20R	167s	200s
여분	2R	100s	10s
발주량	22R	267s→270s	210s→0.42R

제작발주서는 꼼꼼히 확인

출판에서 제작이라 함은 종이 발주·인쇄·후가공·제본 과정을 이른다. 종이는 지업사에서 구입하고, 인쇄와 제본은 인쇄소·제본소에서 한다. 표지에 코팅이나 라미네이팅을 하는 후가공업체는 인쇄소·제본소와 가까이에 있어 그들이 직접 작업을 맡기고 품질을 확인한다.

제작발주서는 제작 관련 세목을 적어 제작처에 보내는 서류이다. 제작 담당자가 서류를 작성하고, 편집자가 확인한 다음 지업사·인쇄소·제본소 등에 보낸다.

제작발주서에는 도서명, 저자, 발행부수, 판형, 지업사, 본문 쪽수, 표지·본문·면지에 들어가는 종이의 종류, 발주량, 표지와 본문 인쇄 도수, 제본 양식, 후가공의 종류 등을 기입한다.

제작은 한두 권 진행해본다고 금방 머릿속에 입력되지 않는다. 수많은 경험과 시행착오를 거쳐야 내 몸속에 체화된다. 그 과정에서 제작 담당자와 거래처에 묻고 또 묻는 방법 외에는 없다.

제작 과정에 이해가 안 되는 부분이 있다면 편집 데스크와 먼저 상의한 다음 제작 담당자에게 편집부 강의를 부탁한다.

인쇄 · 제본을
제작단계라 부른다

인쇄에서 가독성이 결정된다

'인쇄'란 잉크를 사용하여 판면에 그려져 있는 글이나 그림 따위를 종이, 천 따위에 박아내는 일을 말한다. 아무리 훌륭한 텍스트라 할지라도 인쇄 농도가 흐리거나 농도의 앞뒤가 맞지 않는다거나 하면 독서에 방해가 되므로 제작 시 큰 공을 들이는 공정이다.

'인쇄 색도'는 본문과 표지에 사용되는 색의 가짓수를 말한다.

'1도'는 단도 혹은 단색이라고도 부른다. 검은색만을 사용한다. 제작비가 적게 들고 농도에 따라 명암 표현이 가능하다.

'2도'는 2가지 색을 사용한다. 보통 본문일 경우 먹과 별색을 사용한다. 별색이란 원색인 CMYK의 조합이 아니라 직접 잉크를 섞어 원하는 색상으로 만든 것이다. 본문의 글자에는 검은색을 지정하고 소제목이나 강조하고자 하는 부분에 별색을 사용한다. 이 책의 본문은 2도로, 먹과 별색을 사용하였다.

'4도'는 원색·4색·컬러라고도 부른다. CMYK를 합친 것으로, C는 Cyan(청), M은 Magenta(적), Y는 Yellow(황), K는 Black(먹)을 뜻한다. 먹은 B로 해야 맞지만 푸른색 Blue와 겹칠 것을 우려해 K로 표현한다. 색도가 올라갈수록 인쇄판비와 인쇄비가 증가한다.

인쇄소에서는 출판사에서 올려놓은 최종 PDF를 기반으로 인쇄용 CTP(Computer To Plate) 작업을 한다. 여기서 'CTP'란 편집 데이터를 필름으로 출력하는 과정을 거치지 않고 컴퓨터에서 곧바로 금속으로 만든 PS(Pre-Sensitized)판을 제작하는 방식이다. 색도가 2도라면 2개의 인쇄판이 필요하고, 4도라면 4개의 인쇄판이 필요하다. PS판을 인쇄기에 걸고 난 다음 그 위에 잉크를 부어 인쇄기를 돌린다.

인쇄 농도는 출판사에서 보내온 컬러 차트를 보면서 기장이 인쇄기에 부착된 컴퓨터로 세밀하게 조절한다.

인쇄소는 달력·교과서·신학기 준비물이나, 대학입시 요강이나 입학원서를 찍는 10~3월이 가장 바쁘다. 비수기는 4~9월이다. 제작일정을 잡을 때 참조하자.

코팅·라미네이팅 등을 후가공이라 한다

타이포·일러스트·사진 등을 부각시키기 위해 인쇄가 끝난 표지에 가공처리를 하는 것을 말한다. 코팅·라미네이팅, 박작업, 에폭시 작업, 홀로그램 코팅, 비닐커버 작업 등이 이에 속한다.

코팅은 표지에 코팅액을 바르는 것으로 유광과 무광을 선택할 수 있다. 라미네이팅은 접착액을 발라 표지에 비닐 필름을 씌우는 것이다. 둘다 표지를 보호하고, 인쇄물의 색이 변하는 것을 막는다.

비닐커버는 만화나 웹소설, 혹은 독자들이 서점에서 읽기만 하고 구매로 이어지지 않을 것을 예상하는 단행본에 씌운다. 비닐커버를 씌우면 독자들의 구매 의욕을 차단하고, 도서관에서만 신청한다는 단점이 있다.

제본은 출판의 마지막 작업

'제본'은 본문의 쪽수를 순서대로 접은 다음 표지를 씌워 책의 형태로 만드는 일이다. 제책이라고도 한다. 제본은 출판의 마지막 과정, 즉 마무리 작업으로, 제본은 작업방식에 따라 양장제본·무선제본·반양장제본으로 나뉜다.

'양장제본'은 접지된 본문을 철사나 실로 꿰맨 다음 두꺼운 종이로 표지를 만든 후 천이나 가죽 등으로 감싸는 방식이다. 여기에 다시 종이로 커버를 씌워 표지가 손상되지 않도록 한다. 내구성이 좋아 오래 보관할 수 있다는 장점이 있는 반면 반양장제본에 비해 제작비가 많이 들어 책값이 올라가며, 제작기간이 오래 걸리며 무겁다는 단점이 있다.

학술서적, 스테디셀러로 예상되는 책, 한정판이나 소장용 책에 택한다.

'무선제본'은 본문을 철사나 실로 꿰매지 않고 책등에 접착제를 바른 다음 날개 없는 표지를 씌우는 방식이다. 사보나 잡지 등에 택한다.

'반양장제본'은 무선제본 방식을 따르되 양장제본처럼 날개 있는 표지를 씌우는 방식이다. 제작비가 적게 들고, 무게가 가벼워 갖고 다니기에 편리하고, 책값이 다운되는 장점이 있다. 반면 제본이 견고하지 못해 책이 손상된다는 단점이 있다. 대중서, 실용서, 휴대하면서 읽을 만한 책, 제작을 빨리 해야 하는 책, 제작비를 절감해야 하는 책에 택한다.

반양장제본의 순서

크게 정리재단→접지→정합→제본→재단의 순서로 진행하는데, 작업은 대부분 자동기계에서 이루어진다.

① 정리재단을 한다

제작발주서에서 책의 가로×세로 사이즈를 확인한 다음, 재단 기계에서 작업자가 인쇄물을 정리하는 차원에서 자른다.

② 접지를 한다

인쇄된 쪽수의 순서로 책이 되도록 접는 것을 말한다. 이때 접착제가 잘 붙도록 인쇄물이 접히는 부분에 칼집을 낸다.

③ 정합을 한다

대수별로 접지한 인쇄물을 쪽수 순서대로 모은다. 앞면지+16p+16p ……16p+뒷면지와 같은 순서로 모은다. 빠지거나 겹치는 대수가 없도록 인쇄판을 만들 때 본문 책등의 모서리나 아래위 여백에 숫자나 기호 등을 인쇄한다. 제본소에서는 이 숫자만 보고도 쉽게 본문의 순서를 알 수 있다.

④ 제본을 한다

접착제로 본문과 표지를 붙인다. 그런 다음 날개를 접는다.

⑤ 재단을 한다

책의 정확한 사이즈에 맞추어 재단을 한다.

⑥ 부가 작업을 한다

띠지 두르기, 도서목록이나 책갈피 넣기, 스티커 붙이기, 비닐커버 씌우기, 비닐로 감싸기와 같은 작업을 한다. 마지막으로 출고를 위해 책을 여러 권 쌓아놓고 밴딩을 두른다. 부가 작업은 대부분 수동으로 이루어지며, 비용이 추가된다.

> 반양장제본의 순서 정리재단→접지→정합→제본→재단→띠지 두르기
> →밴딩 작업

드디어 책이 입고되었다

제본소에서는 100부가량을 출판사에 납품하고, 나머지는 출판사 창고 및 물류창고에 입고한다. 편집자는 완성된 책을 처음 대하는 것이므로 꼼꼼히 살핀다.

- 표지의 책등은 중앙에 잘 앉혔는가.
- 빠진 대수는 없는가.
- 인쇄 대수 순서가 바뀐 것은 없는가.
- 다른 출판사의 출판물과 섞이지 않았는가.
- 우리 출판사의 다른 책과 섞이지 않았는가.
- 면지 색깔은 지정한 대로 들어갔는가.
- 인쇄물에 주름이 잡힌 곳은 없는가.
- 바코드는 맞는가.
- 정가는 맞는가.
- 띠지는 깔끔하게 둘러졌는가.
- 표지의 후가공은 지시대로 되었는가.

　무엇보다 중요한 일은 본문의 1쪽부터 마지막까지 찬찬히 넘겨보아야 한다. 신간의 결정적인 오류는 이때라도 발견해야 서점 출고 후 전량 회수하는 사고를 막을 수가 있다.

　이상이 없다면 출판계약서에 정해진 부수대로 저자에게 책을 보낸다. 그리고 인세를 챙긴다. 번역서라면 원저자 발송을 포함한 부수대로 에이전시에 보낸다. 언론 발송 대행사에 연락해 책과 보도자료를 넘긴다. 초판본 한 부는 도서 이력을 적어 편집부에서 보관한다. 교정지는 책 출간 후 적어도 한 달 정도는 보관한다. 본문을 진행하는 도중 원고가 누락되거나, 저자가 본문의 흐름에 의문점을 갖거나, 인쇄 혹은 제본

과정 중 사고가 발생했다면 이를 확인할 증거가 필요한 것이다.

제작 총정리 편집용 PDF 완성→인쇄용 CTP 점검→표지와 본문 인쇄감리 →본문 인쇄 가제본 확인→표지 후가공→제본→신간 입고

인쇄 감리 시 유의 사항

1. 인쇄소에 가면 인쇄기의 종류를 살핀다. 인쇄기는 2색기·4색기·5색기·양면 8색기 등 다양하다. 인쇄기의 직사각형 기둥의 숫자를 세어보자. 4색기는 기둥이 4개, 8색기는 8개이다. 숫자가 높을수록 인쇄 장비는 고가이고 설비 규모가 큰데 여러 가지 색을 한꺼번에 찍을 수 있어 색상이 고르고, 많은 양을 동시에 찍을 수 있어 생산성이 높다.

2. 본문 감리를 나가면 처음부터 끝까지 살펴보는 것이 가장 이상적이다. 다만, 전체를 확인할 경우 시간이 오래 걸리므로 앞의 몇몇 대수를 살펴본 다음 기장에게 뒷부분의 농도도 잘 맞춰달라고 부탁한다. 인쇄물의 일부를 가져와 편집부 안에서 돌려보고 제작 담당자에게 전달한다.

3. 본문 감리 시 발주한 용지의 지질은 맞는지, 쪽수는 맞는지, 글자가 겹치거나 번져 보이지는 않는지, 잉크색이 고르지 못해 너무 진한 곳과 너무 흐린 곳은 없는지, 앞면의 잉크가 뒷면에 비치지는 않는지, 인쇄물에 이물질이 묻지는 않았는지, 잡티는 없는지 유의해서 살핀다.

4. 표지 감리 시 용지의 지질은 맞는지, 교정지에 붙였던 컬러 차트를 보면서 컬러의 핀트는 잘 맞는지, 컬러를 지시한 글자나 일러스트·사진의 색감은 제대로 나오는지 확인한다.

3장
편집의 실무를
위하여

편집자에서
기획편집자로

왜 기획편집자가 되어야 하는가

1990년대 국내 창작소설 가운데 100만 부가 판매된 밀리언셀러는 17권, 2000년대는 10권으로 감소하다가 2010년대는 『82년생 김지영』『정글만리 1·2·3』 2종에 불과했다. 2020년대, 그리고 그 이후는 과연 어떨까.

『2021 한국출판연감』을 들여다보자. 2020년 신간 발행부수는 8,165만 2,188부, 10년 전은 약 1억 600만 부였다. 2020년 신간 발행종수는 65,792종, 10년 전은 40,291종이었다. 10년 전에 비해 발행부수는 줄었으나 발행종수는 늘었다.

초판 발행부수는 3,000부→2,000부→1,000부→700부로 나날이 감소 추세이다. 신간의 주기는 6개월을 넘기기가 힘들다.

중쇄를 찍는 것도 쉽지 않다. 오죽하면 독서력이 높다는 일본 출판계

조차 중쇄를 찍는지 아닌지가 초미의 관심사가 되었겠는가. 일본 TV 드라마 「중쇄를 찍자」가 제목이 된 연유를 보자. 만화가 잡지에 게재되는 동안 독자의 반응이 좋으면 단행본으로 펴내는데, 초판 이후 중쇄를 찍게 되면 편집부 직원들이 모여 짧은 구호를 외치며 자축한다. 이처럼 독서층이 두텁다는 일본에서도 중쇄를 찍는 일은 자축할 만한 일이다. 이 같은 흐름은 우리나라 출판계도 예외가 아닌데, 신간 대부분이 초판에서 끝나버리는 일은 비일비재하다.

위의 사실을 종합하면 우리 출판계는 소품종 출판·다량 판매에서 다품종 출판·소량 판매로 바뀌어 간다는 사실을 유추할 수 있다. 그만큼 경쟁이 치열해진 것이다. 이제는 편집자가 책만 잘 만들면 되는 시대가 아니다.

2022년 초 휴머니스트와 은행나무출판사에서 각각 세계문학전집을 출간했다. 기존 세계문학전집은 문학평론가와 해당 언어권 교수가 작품을 선정했지만, 두 출판사는 편집자가 주도적으로 목록을 선정하는 방식을 택했다. 1998년부터 시작해 2022년 2월, 400권을 출간한 민음사 세계문학전집도 2015년부터 편집위원제도 대신 편집자가 출간 작품을 선정하고 있다. 두 사례를 통해 보면 편집자의 안목과 새로운 트렌드를 빠르게 포착하는 감각을 인정하기 시작했음을 알 수 있다.

편집자의 역할이 바뀌고 있다. 기획과 마케팅은 이제 편집자의 영역이기도 하다.

기획 정보는 어디에서 얻는가

· 소셜미디어의 성장세를 주시한다

소셜 분석 플랫폼인 스마트인사이트에 따르면 2021년 7월 현재 전 세계 인구 78억 가운데 소셜미디어 사용자 수는 45억 5,000만 명이다. 전체 인구의 60퍼센트에 가까운 높은 수치이며, 한 사람당 하루 평균 이용 시간은 2시간 27분이다. 페이스북은 28억가량, 유튜브는 22억가량, 인스타그램은 13억가량, 틱톡은 7억가량이다. 소셜미디어의 특성상 이 수치가 수시로 바뀐다는 점을 감안하자.

편집자는 소셜미디어의 팽창을 주시하면서 책으로 귀결시키는 전원을 항상 켜두어야 한다. 지금 사회의 주된 관심사는 무엇인지, 사람들의 생각은 어디로 흐르는지, 유명 인플루언서들은 어떤 이야기를 하는지 주시하면서 소셜미디어의 행간에 녹아 있는 욕구를 관찰한다.

이거 기획 아이템으로 딱인데?

• 오프라인 서점을 찾아간다

독립 서점, 개성 강한 서점, 시내 대형 서점을 자주 방문하자. 온라인 서점에만 머물지 말고 오프라인 서점으로 가자는 것이다. 온라인 서점에서는 보이지 않던 그림이 눈에 들어올 것이다. 서점에 가서는 자신이 선호하는 책에 빠져 나무 냄새만 맡지 말고 숲을 바라보는 안목을 기른다. 책 무리에서 한 걸음 떨어져 공간을 천천히 한 바퀴 돌아본다. 막 차트에 진입한 베스트셀러, 새롭게 떠오르는 저자, 추천사에 자주 등장하는 저자, 눈에 띄는 제목, 출판 제작기법의 참신한 시도, 기획으로 연결하면 좋을 아이템 등 최신 트렌드를 읽는 훈련을 하라는 것이다. 그리고 이러한 내용은 반드시 기록으로 남긴다.

• 적극적으로 행동한다

관심을 두는 저자의 강연에 참가하고, 주목받는 신간을 찾아 읽는다. 소셜미디어에 올라오는 각종 글이나 신문·잡지의 연재물, 중앙지·지방지의 연재물을 찾아서 읽는다. 출판사 관련 SNS에 팔로우를 신청해서 각 출판사의 주력도서가 무엇인지 파악한다. 친해지고 싶은 기자가 있다면 그의 강연을 찾아가 듣고 저서를 검색해 읽는다.

타인의 머리를 빌리고 싶다면 기획자 모임을 만든다. 디자이너·마케터·저작권 담당자까지 아우를 수 있다면 금상첨화이다.

최근에는 에세이, 웹툰, 웹소설, 추리소설, 판타지소설, 과학소설, 환경문제를 다룬 신간이 뜨고 있다. 그 원인을 분석해 나의 기획으로 연결한다.

2021년 말 예스24는 '2021년 성연령별 도서구매비율 분석 결과'를 발표했다. "2021년에는 2020년과 동일하게 40대(46%)가 가장 높은 비중을 차지한 것으로 나타났다. 2020년과 비교하면 2021년 20대와 30대의 구매 비중은 소폭 하락한 반면 40대부터 60대 이상 중장년층 구매 비중은 평균 0.7%p 상승했다. 남녀 성비는 작년과 동일한 약 3:7로 여성 구매자 비율이 높았다." 이처럼 수시로 변하는 사회현상을 주시하면서 그 이유를 분석해 주된 독자층을 염두에 둔 기획으로 연결한다.

기획은 어떻게 출간으로 연결하는가

책을 기획하는 단계부터 저자, 원고 매수, 판형, 주된 독자층, 원고의 난이도, 원고 집필과 완료 시기, 출간시기, 홍보 방향, 서점의 진열 위치 등을 계획할 수 있어야 한다.

또한 기획을 책으로 연결하려면 구체적인 편집방향과 정확한 수치를 산출할 수 있어야 한다. 원고 매수는? 쪽수는? 정가는? 종이는? 인쇄 도수는? 제본 형태는? 후가공은? 인쇄 부수는? 편집 및 제작 일정은? 편집에 투입될 인원은? 손익분기점은? 등등.

책 한 권이 되기 위한 원고 매수는 어떻게 될까? 이전에는 원고지 1,000

매가 넘어야 책 한 권이 되었지만 요즘은 600~700매 정도로 가능해졌다. 대하소설의 출간은 맥이 끊긴 지 오래되고, 호흡이 긴 장편소설은 경장편소설로 옮겨가고, 두툼하던 에세이는 점차 얇아지는 추세이다. 400~500쪽이 넘는 벽돌 책은 대부분 학술서적에만 남았다.

원고지 700매이면 몇 쪽의 책이 될까. 신국판이라면 보통 3으로 나눈다. 즉 1쪽에 3매의 원고가 들어간다는 말이다. 700÷3=233쪽 여기에 머리말·차례·판권 등 부속이 덧붙으면 250쪽 내외의 책 한 권이 완성된다.

이 책 『편집자가 되기로 했습니다』는 원고지 700매에다 부속을 감안해 250쪽으로 기획하였다.

잘 쓴 기획서는 저자의 마음을 움직인다

기획제안서의 또 다른 표현은 원고청탁서이다. 기획제안서를 많이 써보자. 막연히 머릿속에서만 구상하던 책 한 권의 형태가 구체적으로 잡히고, 그러다 보면 책 한 권을 어떻게 만드는지 몸에 익는다. 더불어 원고청탁을 두려워하지 않게 된다.

이런 예가 있다. 신간 원고를 꼭 받고 싶은 유명 저자와 어렵사리 연락이 닿았는데, 일정상 원고청탁을 받을 수 없다며 정중히 거절했다. 그래도 포기하지 않고 그의 대표 저작과 신간을 전부 찾아 읽은 다음 출간되지 않은 아이템을 생각해내고는 기획제안서를 신중히 썼다. 저자는 편집자의 진정성을 읽고 결국 계약을 승낙하였다. 이렇듯 잘 쓴 기획제안서는 상대의 마음을 움직인다.

기획제안서에는 가제, 분야, 대상 독자층, 기획 의도, 개요 및 기대 효과, 책 전체 구성, 편집자가 구상하는 차례, 예상 쪽수와 정가, 인세 조건, 이후 일정 계획, 키워드·해시태그, 판매 또는 마케팅 전략, 유사 경쟁도서 등을 기록한다.

저자 파일 만들기

1단계. 기본 사항 정리하기

고향, 학력, 현직, 석사·박사 논문 제목, 저서, 주요 논문, 거주지, 배우자와 자녀 등 기본적인 인적 사항을 정리한다. 관심을 두는 분야, 개인적 성향, 주변 인물에 관한 정보 등도 같이 적는다.

2단계. 방문 기록 남기기

편집자는 저자의 연구실이나 집필실을 방문할 일이 잦다. 만날 때부터 헤어질 때까지 그날의 분위기를 자세히 기록한다. 어떤 목적의 방문인지, 편집부의 누구와 동행했는지, 연구실 분위기는 어떠했는지, 저자의 책꽂이에는 어떤 분야의 책이 주로 있는지, 어떤 주제에 관한 이야기를 나누었는지, 목적한 성과는 있었는지, 다음 기획에 대한 의견을 나누었는지 등등.

3단계. 기획으로 확장하기

저자 파일이 쌓이면 다음 기획과 연결된다. 정리해둔 기록을 중심으로 저자가 관심을 두는 주제에 대해 폭넓은 대화를 나누다 보면 다음 저서, 그다음 저서로 기획이 확장된다. 당사자뿐만 아니라 동료, 제자의 연구 주제로 대화가 이어지면 새로운 저자를 탄생시킬 수 있다. 이렇게 되면 새로운 인물의 파일이 하나 더 만들어진다.

출판계약서는
신중하고 꼼꼼히

계약서 기재 사항

출판계약서는 출판사마다 조금씩 다른데, 한국출판문화산업진흥원에서 양식을 다운받아 쓰는 곳이 많다. 출판계에서 가장 일반적으로 쓰이는 양식이며, 가장 문제가 될 소지가 적다. 정식 명칭은 '출판권 및 배타적 발행권 설정 계약서'이다.

출판권은 말 그대로 '출판을 할 수 있는 권리'이다. 출판권이 설정되면 집필자의 원고는 계약기간 동안 출판사에 귀속된다. 이는 동일 제목의 원고 또는 동일 원고가 다른 출판사를 통해 출판될 수 없음을 뜻한다. 출판권을 설정할 때는 출판권 설정대상, 설정기간, 설정범위 등을 명시하여야 한다. 출판권 설정과 관련하여 문제의 소지가 있는 경우에는 별도의 계약 사항으로 명시해놓는 것이 좋다.

계약서 1면에는 책의 가제, 저작재산권자(저자 혹은 저작권자, 갑), 출판권자 겸 배타적 발행권자(출판사 대표, 을), 담당 편집자의 이름을 기재한다.

2면부터는 저작물에 대한 출판권의 존속기간, 저작권기간의 자동 연장 여부, 완고 시점, 출간 시점, 인세율, 전자책이나 오디오북에서 저자와 출판사의 인세 비율, 증정도서 부수, 계약금 지불 방법, 2차 저작권에서 저자와 출판사의 인세 비율, 일러스트나 사진 비용의 해결 방법 등을 기재한다.

계약의 절차

원고의 머리말과 차례, 본문의 일부가 들어오면 편집자가 계약서의 초안을 잡아 저자와 출판사 대표에게 수락 여부를 묻는다. 모든 조건이 서로에게 충족된다는 승낙 사인이 나면 저자와 대표가 동석한 자리에서 편집자가 출판계약을 진행한다.

계약서는 2부를 출력해 계약 당사자 2인이 읽고 나서 날인을 한 다음 각각 1부씩

선생님, 함께 작업하게 되어 기뻐요.

나눠 갖는다. 사정이 여의치 않으면 저자가 날인을 해 우편으로 부치기도 한다.

계약금은 계약서에 사인을 한 날로부터 한 달 안에 송금을 해야 비로소 계약의 효력이 발생한다. 초판이 출간되면 출판사에서는 세금 3.3퍼센트와 계약금을 제한 다음 한 달 안에 인세를 송금한다.

계약의 조건

이하 계약의 조건은 이 책 『편집자가 되기로 했습니다』를 기준으로 설명하겠다. 각 세목의 수치는 출판사의 상황에 따라, 책의 성격에 따라 증감을 하기 바란다.

계약서상의 저작물에는 1차와 2차 저작물이 있다. '1차 저작물'은 종이로 인쇄되어 제본된 서적과 컴퓨터 파일 형태의 모든 디지털 서적을 말한다. '2차 저작물'은 기계적 방법(콤팩트디스크, 카세트테이프 또는 시각이나 청각을 활용하는 기계적 재생산 수단을 응용한 방법)에 의해 1차 저작물의 전부 또는 일부를 사용하는 경우, 드라마·영화 사용권, 텔레비전·라디오 방영권, 축약 또는 요약되어 출판될 경우, 시리즈 또는 총서로 재판될 경우, 저자의 전집·저작집 등에 수록할 경우, 외국어로 번역하여 출판할 경우, 동영상으로 제작할 경우, 타 출판사에서 발행한 참고서·문제집, 교재 및 단행본에 재인용될 경우를 말한다.

1차 저작물 중 종이서적의 계약 조건에는 인세와 매절이 있다. '인세'란 정가의 일정 퍼센트를 제공받는 것이고, '매절'이란 원고 매수를 계산해 일시불로 인세를 받는 방법이다. 번역은 매절이 많고 그 외는 인세의 형태가 주를 이룬다.

인세는 통상 10퍼센트(실용서 분야는 8~10퍼센트)이다. 책값의 10퍼센트에 해당하는 금액에 판매부수를 곱한 금액을 지급한다. 예를 들어 정가 15,000원인 책 1,000부를 찍었다면 인세는 15,000원×10%×1,000부=150만 원이다. 원고를 잡지에 게재한 후 단행본으로 출판할 때에도 인세는 10퍼센트를 지급한다.

번역은 언어권에 따라, 역자의 지명도에 따라 매절 가격이 각각 다른데, 원고지 1매당 2,000~6,500원으로 격차가 크다. 매절의 경우 역자 후기는 번역 매수에 포함하거나 매당 1만 원 내외의 금액을 따로 책정해 지불한다.

계약금은 통상 50~100만 원 수준이다. 수익이 보장되는 저자에게는 이를 훨씬 웃도는 계약금을 지불한다.

1차 저작물 중 컴퓨터 파일 형태의 모든 디지털 서적, 즉 전자책(e-book) 또는 오디오북 형태로 발간할 경우 순수익의 25퍼센트에 해당하는 금액에 판매부수를 곱한 금액을 저자에게 지급한다. 인세 지급과 판매보고는 보통 1년에 한 번 한다. 예를 들어 1,000원짜리 전자책의 순수익이 500원이라면, 500원×1,000부×25%=125,000원이다.

2차 저작물의 경우 드라마·영화, 텔레비전·라디오에 사용하거나, 외국어로 번역하여 출판하거나, 동영상으로 제작할 경우에는 저자에게 70퍼센트를 지급하고, 그 외에는 50퍼센트를 지급한다.

내용	저작권자(갑)	출판권자(을)
기계적 방법	50%	50%
드라마 사용권	70%	30%
영화 사용권	70%	30%
텔레비전, 라디오 방영권	70%	30%
축약 또는 요약되어 출판되었을 경우	50%	50%
시리즈 또는 총서로 재판되었을 경우	50%	50%
저작권자의 전집, 저작집 등에 수록할 경우	50%	50%
외국어로 번역하여 출판할 경우	70%	30%
저작권법 제25조 및 제31조에 따른 보상금	50%	50%
이러닝 등 동영상 제작	70%	30%
타 출판사에서 발행한 참고서, 문제집, 교재 및 단행본에 재인용될 경우	50%	50%

삽화(일러스트, 지도, 도표)나 사진 저작권료가 발생하여 별도의 비용이 들 경우 초판에 한해 인세에서 제하기도 한다.

출판권 존속기간은 초판 발행일로부터 통상 5년이며, 계약기간이 끝날 경우 서로 해지의 통고가 없다면 자동적으로 5년 단위로 연장이 된다.

신간은 저자에게 10부 혹은 20부를 증정하며, 저자가 증정본 외에 책을 구입할 경우 정가의 70퍼센트 내외로 한다.

출판계약 전 결정 사항 저작물에 대한 출판권의 존속기간, 저작권기간의 자동 연장 여부, 완고 시점, 출간 시점, 인세율, 전자책이나 오디오북에서 저자와 출판사의 인세 비율, 증정도서 부수, 계약금 지불 방법, 2차 저작권에서 저자와 출판사의 인세 비율, 일러스트나 사진 비용의 해결 방법 등.

저작권 보호는
사후 70년

저작권은 국가를 초월해 보호받는다

우리나라 출판물은 크게 세 가지 경로를 거친다. 국내 저자의 저작을 국내에서 출판하는 경우, 국내 저자의 저작을 해외에서 출판하는 경우, 해외 저자의 저작을 국내에서 출판하는 경우이다. 이 과정에서 가장 중요하게 언급해야 할 것이 바로 저작권 문제이다.

저작권이라 약칭하는 저작재산권은 저작물의 사용을 허락할 수도, 금지할 수도 있는 권리를 말하는 것으로, 일정 기간 동안 저작자가 그 저작물에 대하여 갖는 배타적인 법적 권리이다.

저작권(copyright)을 의미하는 ⓒ 기호를 표기한 저작물에 대해서는 국가를 초월하여 법적인 보호를 받을 수 있으며, 우리나라 현행 저작권 법상 저작권 보호기간은 '저작자가 생존하는 동안과 사망 후 70년간'이다. 공동저작물의 경우 맨 마지막으로 사망한 저작자의 사후 70년이다.

국내 저작물 인용 절차

타 출판사의 저작물 가운데 일부를 인용하려면 어떻게 해야 할까. 우선 해당 출판사에 원고게재허가서를 보낸다. 원고지 2매 미만은 통상 무료이고, 그 이상은 매당 만 원 내외를 지불하면 된다. 무료 게재를 허락하는 곳도 있으니 확인하자.

원고게재허가서에는 인용하고자 하는 저작의 서지정보와 재인용하고자 하는 부분 및 해당 쪽수와 총 분량, 원고를 싣고자 하는 우리 출판사의 저작물에 대한 정보 등을 밝힌다. 좀 더 확실하게는 PDF 교정지의 해당 쪽수를 보내주면 좋을 것이다. 저작권자를 포함한 해당 출판사의 게재 허가를 받으면 출간될 책에 저자·제목·출판사를 밝힌다. 책이 입고되면 증정본을 보낸다.

이 같은 절차 없이도 인용이 허용되는 경우가 있는데, 학술논문이나 학술서적 등을 저술하면서 타인의 저작물 일부를 인용하고 각주로 그 출처를 밝히는 경우에는 저작권에 저촉되지 않는다. 그러나 그 인용이 너무 지나칠 경우에는 문제가 될 수 있다.

국내 저작권과 관련된 기구로는 한국저작권위원회, 한국문예학술저작권협회가 있는데, 저작권 사용과 관련해 판단이 서지 않는 부분은 이곳에 문의해보자.

그림이나 사진 등 예술저작권

그림이나 사진 등을 인용하는 경우 예술저작권을 획득해야 하는데, 이때는 그 저작물을 촬영한 사진저작권을 함께 지불해야 하는 경우도 있다. 번역서의 경우 도서의 저작권 계약에 사진저작권이 포함되기도 하지만 개별적으로 계약하는 경우도 있다.

예술저작권은 기본적으로 1건을 쓸 때마다 저작권 사용료를 내야 하는데, 표지에 쓰느냐 본문에 쓰느냐에 따라, 또 전면으로 쓰느냐 작은 크기로 쓰느냐에 따라, 색상을 컬러로 쓰느냐 흑백으로 쓰느냐에 따라 사용료가 각각 다르다.

우리나라에서 이용할 수 있는 예술저작권·사진 에이전시로는 픽스타코리아, 게티이미지코리아, 한국미술저작권관리협회(SACK=삭) 등이 있다. 삭에서 저작권 사용 허락을 받고 나서 픽스타코리아나 게티이미지코리아에서 데이터를 찾아 써야 한다.

우리나라 화가의 경우는 대개 국내 유명 갤러리에서 관리하거나 사설 미술관, 혹은 유족 등으로 저작권 관리가 분산된 편이므로 수소문한 다음 이용해야 한다. 국가문화재는 공유마당이나 해당 박물관 사이트에서 이미지를 제공하기도 한다.

표지에 사용하는 그림 중 국내외 작가의 저작권 사용료는 한 컷당 50~70만 원 선이다. 본문에 사용하는 그림이나 사진의 저작권료도 만만치 않으므로 사용 여부를 신중히 결정한다.

인쇄용으로 사용할 수 있는 도판의 용량은 최소 300dpi 이상이 되어야 한다. 저자가 인터넷상에서 검색해온 저화질의 도판일 경우 이를 참조하여 다시 고용량 도판으로 구해야 한다.

번역서 출간 절차

출판사에 해외저작권을 전담하는 부서가 있거나, 규모가 크지 않을 경우 편집부원 중 한 사람이 맡는다. 해외저작권 담당자는 외서를 검토하거나 기획하고, 해외저작권의 계약을 진행하고, 저작권 표시 확인 등 출간 관련 업무를 진행한다. 출간 보고 및 신간을 발송하고 재계약 및 인세보고를 한다. 재수록 허가 등 국내 저작권 업무를 담당한다. 드물게는 해외 저자를 초청하는 업무를 담당하기도 한다.

번역서는 기획편집자가 외서를 검토하거나 출판번역 에이전시에서 소개한 책을 검토하면서 출간 준비가 시작된다.

에이전시를 통할 경우 에이전시에서 보내오는 책에 관한 정보, 즉 제목, 작가 소개글, 차례, 작품 일부를 접할 수 있는 샘플 번역과 요약문을 검토한 다음 좀 더 보고 싶으면 원서를 보내달라고 요청한다. 원서가 도착하면 전문 번역가에게 세부 검토를 맡기고, 출판사에서는 전체 구성을 살핀 다음 출간을 결정한 뒤 계약 오퍼를 넣고 진행한다.

출간 직전 원출판사에 본문과 표지를 보내 컨펌을 받아야 한다. 까다로운 경우 표지 문구 하나도 일일이 지적하는 원저작물의 출판사도 있다. 원서의 표지 및 본문 안에 일러스트가 있다면 사용 여부를 오퍼를 신청할 당시 정확히 밝혀야 한다. 원서 표지가 마음에 든다면 그 사용에 관한 계약을 체결한다.

저작권 계약은 다음과 같은 순서로 진행된다.

- 먼저 한국어판 저작권이 살아 있는지를 확인한다. 저작권 계약을 하고 싶은 해외 작품에 대한 정보, 즉 제목·저자·출판사 등을 파악하여 에이전시에 알리면 계약 가능 여부를 알려준다.
- 그다음에는 오퍼를 진행한다. 계약이 가능한 경우 검토용 도서나 PDF를 받아 검토한 다음 진행 여부를 최종 확인한다. 선인세나 인세율 등 계약 조건을 제시하고 이를 토대로 교섭한다.
- 마지막으로 계약서를 작성하고 선인세를 지급한다. 계약서가 성사되면 청구서가 발행되고, 그에 따라 계약서에 서명을 하고, 청구된 선인세를 납부한다. 청구서와 정산서 원본은 관리부에서 처리하고, 사본 1부는 편집부에서 보관한다.

기본적인 인세율(Royalty Rate), 즉 로열티는 5,000부까지 6퍼센트, 1만 부까지 7퍼센트, 그 이상 8퍼센트이지만 협의를 통해 조정이 가능하다. 계약기간은 통상 계약일로부터 5년까지이며, 일정 부수 이상이 판매되면 자동 연장이 되지만 대부분 재계약을 요구한다. 출간기한은 계약 후 1년에서 1년 6개월이다. 출간시기가 연기되면 페널티를 물어야 하는 경우도 있으므로 미리 체크한다.

선인세(Advance Royalty)는 통상 초판 발행 시 발생하는 인세 액수를 기준으로 하되 경쟁 오퍼일 경우 이보다 훨씬 높아지기도 한다. 우리나라에서 인기가 높은 작가 무라카미 하루키의 『기사단장 죽이기』의 경우는 20~30억 원, 2022년 인플루엔셜에서 계약한 작가 이민진의 『파친코』는 25~31억 원 정도로 추정한다.

선인세의 적정한 수준은 실제로 판매할 수 있는 부수와 정가, 로열티에 따라 선정한 뒤 신중하게 결정해야 한다. 선인세는 이후 계약기간 동안 차감해 나가며, 해마다 인세보고를 통해 추가 로열티가 발생할 경우 이를 정산한다. 인세보고는 1년에 1~2번 한다.

로열티를 계산하는 방법은 다음과 같다.

- 선인세×환율=원화로 환산

  판매된 부수×한국 정가(₩)×인세율

  →선인세를 초과할 경우 추가금액을 지불한다.

- 예를 들어 선인세 US$3,000, 인세율 6%, 환율 1,200, 한국 정가 15,000원, 한 해에 5,000부가 판매되었다고 가정하자.

  US$3,000×1,200=3,600,000원(선인세로 계약 당시 이미 지불)

5,000부×15,000원×6%=4,500,000원

4,500,000원-3,600,000원=900,000원(추가 로열티 금액)

에이전시에는 통상 인세의 10퍼센트 정도를 수수료로 지불한다.

해외 저작권 체결 순서 국내 판권 체결 유무 확인→오퍼 진행→계약서 작성→선인세 지급→번역자 섭외→번역 착수

출판번역 에이전시 현황

출판번역 에이전시는 해외 작품을 국내에 알리거나 우리 작품을 해외에 알리는 창구 역할을 하는 회사이다.

우리나라 출판번역 에이전시는 영미권·독일어권·불어권·일어권·중국어권, 기타 언어권으로 나뉜다. 언어권별로 담당자가 포진된 큰 규모부터 한두 명으로 이루어진 소규모까지 다양한 형태이다. 국내 저작권 에이전시의 역사는 해외에 비해 상대적으로 짧다. 개인의 역량에 의존해 일회성으로 거래되던 시절을 넘어 현재 기업의 형태로 정착한 것은 불과 30~40년밖에 되지 않았다.

국내에서 출판 저작권 에이전트가 본격적으로 등장한 것은 1987년 10월 한국이 세계저작권조약(UCC)에 가입한 이후이다. 1986년 신원에이전시가 설립된 이후 임프리마 코리아에이전시, 에릭양에이전시(현 EYA 에이전시), KCC 등이 설립됐다. 이 네 곳은 출판 저작권 에이전시의 '빅4'

로 꼽힌다.

반면 우리나라의 저작물을 해외로 수출하는 전문 에이전시는 이제 시작 단계이다. 문학서적을 시작으로 일반서, 아동서, 만화 등으로 그 범위를 넓혀가는 중이다.

『헤럴드경제』 2021년 4월 6일자 기사에 따르면 2020년 한국문학번역원이 지원해 출간된 한국문학은 26개 언어권에서 170건이었다. 영어권이 29건으로 가장 많고 일본어 25권, 중국어 22권, 프랑스어 13권, 독일어·스페인·러시아에서 각각 11권이 출간되었다.

저작권 보호기간 계산하기

1. 현재 저작권자의 저작권 보호기간은 사후 70년이다. 이 법은 2013년 7월 1일부터 시행되었다. 이전에는 사후 50년이었다. 보호기간이 사후 70년으로 연장되기 전 소멸된 저작권은 다시 부활하여 연장되지 않는다. 즉 1962년 12월 31일 이전에 사망한 작가의 작품은 사후 50년까지 보호되는 반면, 1963년 1월 1일 이후에 사망한 작가의 작품은 사후 70년까지 보호된다.

2. 1962년 8월 9일 사망한 헤르만 헤세의 저작권 보호기간을 계산해보면, 1963년부터 기산하여 50년이 되는 해가 2012년이다. 따라서 보호기간이 사후 70년으로 연장되기 전에 만료된 그의 저작권은 연장되지 않고 소멸했다. 현재 헤세의 작품은 저작권이 없다.

3. 1962년을 기억하자. 1962년 사망한 헤르만 헤세, 윌리엄 포크너는 저작권이 소멸했고, 1963년 사망한 올더스 헉슬리, 장 콕토는 저작권 보호기간이 2033년 12월 31일이다. 쉽게 계산해 1963년 +70년=2033년이다.

보도자료는
마케팅의 첫 관문

누가 쓸까

보도자료는 언론이나 온·오프라인 서점에 신간을 소개하기 위한 글이다. 기획부가 따로 있다면 기획자가 쓰겠지만 대부분은 담당 편집자가 쓴다. 작성된 자료는 팀장이나 최고 경영자의 컨펌을 받아 배포한다.

언제 쓸까

교정이 진행되는 동안 보도자료를 써서 마케팅 부서에 넘겨주면 미리 홍보활동을 할 수 있겠지만 업무에 치이다 보면 좀처럼 실행에 옮기기가 어렵다. 그럴 때는 한 쪽짜리 핵심정보라도 전달함으로써 서점 등에 사전 홍보를 할 수 있도록 한다. 편집자는 최종 데이터를 인쇄소에 넘기면 제본을 마치고 책이 나올 때까지 여유가 있다. 통상 반양장본은 1주일, 양장본은 2주일 정도 걸리는데 이때 보도자료를 쓴다.

왜 쓸까

아직도 종이신문이 도서 구매에 영향을 미칠까? 결론은 "그렇다"이다. 누구에게 어떻게 영향을 미치는가. 독자들이 신간 정보를 얻을 때, 서점의 구매자인 MD(merchandiser)가 평대의 위치를 결정하거나 구입 부수를 정할 때, 도서관 사서가 신간을 구입할 때, 책과 관련한 라디오 프로그램 진행자가 신간을 선정할 때. 이들은 온라인에서 정보를 취하기도 하지만 결정적인 매체는 아직 종이신문이다. 정보의 통로가 워낙 다각화되었지만 사람들의 요구를 가장 손쉽게, 그리고 공신력 있는 방법으로 알 수 있기에 전통적인 신문사가 가지는 권위는 여전히 높다.

한 주에 보도를 기다리는 신간은 얼마나 될까? 『2021 한국출판연감』에 따르면 2020년 신간 발행종수는 7만여 권이다. 그 가운데 대학 교재나 학습참고서를 제외하고 언론 보도를 기다리는 신간은 얼마나 될까. 일주일에 100여 권, 한 달 400권 내외가 기자나 출판평론가의 책상 위에 수북하게 쌓인다. 신문의 주말 북섹션에는 쏟아져 나오는 신간 중 대략 20권 정도만 실릴 뿐이다.

『경향신문』은 두 쪽에 걸쳐 책소개를 싣는다. 큰 비중을 차지하는 집중 소개는 3권, 중간 정도는 7권, 새책·책꽂이·한줄읽기처럼 단신에 불과한 것은 10여 권이다.

『조선일보』도 두 쪽에 나눠 책소개를 싣는다. 집중 소개는 2권, 중간 정도는 8권, 단신은 10여 권이다.

『한겨레』 주말판은 타블로이드판인데 8쪽에 걸쳐 싣는다. 집중 소개는 3권, 중간 정도는 9권, 단신은 10여 권이다.

한 주의 편집에 따라 약간씩 변화가 있긴 하지만, 집중 소개와 중간 정도의 소개만 보자면 10여 권에 불과하다. 이를 보면 보도라는 열차에 승차하기란 참으로 쉽지 않은 일이다. 그나마 정치적이든 사회적이든 큰 이슈를 담은 신간의 경우 전 신문의 북섹션에 보도가 되는 일이 있으나 아주 드물다.

보도자료는 몇 쪽이 좋을까

정해진 룰은 없다. 계획 없이 쓰다 보면 욕심이 생겨 자꾸 늘어나므로 이를 방지하기 위해 미리 쪽수를 정한다. 너무 짧으면 정보가 빈약해 보이고, 너무 길면 읽는 사람이 부담을 느낄 것이다. 출판사에 따라, 책의 성격에 따라 다르지만 표지를 포함해 6쪽 내외가 어떨까.

1쪽에는 제목과 표지 이미지, 서지정보를 싣는다. 표지는 디자이너에게 신간의 입체적인 사진을 받는다. 서지정보에는 제목, 부제, 지은이, 정가, 쪽수, 출간일자, 도서규격, ISBN을 포함시킨다. 그리고 신간의 분

야를 드러낸다. 이 책 『편집자가 되기로 했습니다』는 메인 분야를 인문학〉서지/출판〉출판/편집, 서브 분야를 인문학〉책읽기/글쓰기로 정했다. 신간의 분야를 명시함으로써 신문사에서는 보도를 맡을 기자가 정해지고, 서점에서는 이를 참조해 진열 코너를 정한다.

맨 아래에 출판사의 주소와 이메일·SNS 주소, 전화번호를 적는다. 기자가 연락을 취할 경우를 대비해 저자와 담당 편집자의 이름과 전화번호를 밝힌다.

2쪽에는 책의 특징을 축약한 헤드 카피 한두 줄을 넣는다. 그 아래에 40자 소개, 200자 소개, 마지막에 반쪽 정도로 요약한 책소개를 싣는다. 200자 소개나 책을 요약한 글을 써두면 우수도서 신청 시나 광고 등에도 활용할 수 있다.

3쪽에는 조금 상세한 출판사 리뷰를 올린다. 이 책은 누구에게 필요한지, 왜 지금 독자에게 필요한지, 어떤 점에 주목해야 하는지, 경쟁도서가 이미 나왔다면 어떤 차별성이 있는지 적는다. 기획이나 편집과정에서 일어난 특별한 이야기가 있다면 그것도 적는다.

4~5쪽에는 각 장별 핵심 문장과 쪽수를 싣는다. 쪽수를 병기하는 이유는 기자들이 그 부분을 빨리 찾도록 하기 위함이다.

6쪽에는 차례를 싣고, 마지막에 저자의 약력을 소개한다. 표지의 앞날개에서 지면 관계상 충분히 넣지 못했던 저자에 대한 깊은 이야기를 싣는 것도 무방하다.

작성을 끝낸 다음 오탈자는 없는지, 숫자나 인명 등 아주 기본적인 것이 틀린 곳은 없는지 체크한다. 끝으로 읽기 편하도록 디자인적인 요소를 가미한다.

보도자료 작성 순서 제목과 표지 사진→서지 정보→출판사·저자·편집자 정보→헤드 카피→40자 소개→200자 소개→반쪽 정도의 간단한 소개→출판사 리뷰→각 장별 핵심 문장과 쪽수→차례→저자 약력

TIP 이 책의 보도자료는 책이라는신화 출판사의 블로그에서 확인하자.

어떻게 보낼까

신간 발송대행 업체인 여산통신이나 북피알 등의 사이트에 들어간다.

기자와 오피니언 리더 혹은 인플루언서의 명단에 체크를 한 다음 보도자료·표지 이미지 파일과 간행물 납본의뢰서를 올린다. 출판 기자는 출판·문학·학술·만화·아동·종교·여성 등 각 분야별로 다르니 책의 성격에 따라 정확히 표시한다.

출판계의 오피니언 리더 혹은 인플루언서란 출판평론가, 책 읽기·서평 채널을 운영하는 유튜버, 책에 관심이 많고 읽은 책을 소셜미디어에 자주 소개하는 저명인사 등을 일컫는데, 이전에 비해 그들의 영향력이 점점 더 커지고 있다.

보도자료는 몇 부를 배포하는 것이 알맞을까. 정답은 없다. 신간의 성격에 따라, 출판사의 방침에 따라 다르지만 보통 30~50군데에 보낸다. 이전에는 각 언론사마다 출판담당 기자와 문화부장, 안면이 있는 기자에게 2~3부씩을 보냈다면 요즘은 초판 발행부수가 줄어듦에 따라 기자들에게 보내는 발송 부수를 축소한다. 오히려 SNS로의 파급효과가 큰 오피니언 리더나 인플루언서의 숫자를 늘리는 추세이다.

발송 대행업체에서 출판사를 방문했을 때 신간과 회사 봉투를 전하면 편집자의 임무는 끝난다. 발송 업체에서는 책과 보도자료를 담아 언론사에 전달한다.

반드시 소개되었으면 하는 주요 신간이라면 발송 전날 기자들에게 자료를 첨부하고 나서 메일을 쓴다. 주소는 발송 업체 사이트에서 내려받으면 된다. 메일에는 신간의 특징과 함께 편집자의 약력, 올해에 나올 주력 신간이나 장기적인 비전을 살짝 곁들인다. 그러고 나서 다음 날 신간을 보내니 꼭 관심을 가져달라는 뜻을 추가한다. 편집자는 책 만드는 일만 해도 벅차겠지만 평소 친한 기자를 만들어두면 이럴 때 요긴하다. 그래야 신간이 봉투째 버려지는 참사를 면할 수 있을 것이다. 보도가 크게 되었다면 담당 기자에게 메일로 감사의 마음을 전한다.

오프라인 서점의 MD에게는 우리 회사 마케팅 담당자에게 자료를 건네면서 신간의 특징을 제대로 소개해달라고 한다. 서점의 어떤 코너에 신간이 꽂히느냐에 따라 판매에 중요한 영향을 미치므로 MD와 충분히 상의해 자리를 정해달라고 건의한다. 에세이 코너에 꽂혀야 할 신간이 인문학 코너에, 인문학 코너에 꽂혀야 할 신간이 에세이 코너에 자리해 판매가 부진해진 예도 있다.

온라인 서점에는 도서정보팀에 보도자료와 표지 이미지, 간단한 책소개 등이 담긴 파일을 보내 데이터베이스를 등록하도록 한다. 담당 MD에게는 별도 메일에 같은 자료를 보내면서 메일 말미에 이 책의 중점적인 특징을 다시 한번 덧붙인다.

이것만은 피하자

신간 발송은 타이밍을 놓치지 말자. 신간은 보통 금요일 오전이나 오후, 혹 늦어지면 월요일 오전에 보낸다. 그러면 그 주의 주말치 북섹션에 신간 리뷰가 실린다. 서울 시내 언론사는 오전에 보내면 오후에, 오후에 보내면 다음 날 오전 기자들에게 책과 보도자료가 전달된다. 기자들은 '이번 주 신간'으로 어떤 책을 게재할지 월요일 오후나 화요일 오전에 결정한다. 발송 준비를 항상 늦게 하는 사람이 있는데, 안전하게 금요일 오전에는 보내는 습관을 들인다. 타이밍을 놓치면 보도자료가 사장될 수도 있다.

편집부서가 몇 개 팀으로 나뉘었다면 매월 초에는 팀별 주요 저작을 정해 팀끼리 겹치는 일이 없도록 한다.

설이나 추석 등 큰 명절, 올림픽 등 세계적인 이벤트 기간, 대통령·국회의원·지방의회 선거기간, 휴가철 추천도서가 특집으로 꾸며지는 시기, 그해 연말 '올해의 책' 행사가 펼쳐지는 시기 등에는 특별히 관련이 있는 도서 외에는 보도를 피한다.

시선을 끄는 보도자료 작성법

1. 시의성, 사회성, 핫이슈

왜 지금 이 책이 독자들에게 읽혀야 하는지, 나아가 이 시대를 살아가는 독자들에게 어떤 이슈를 던지고 있는지를 역설함이 가장 중요하다.

2. 저자의 권위성

이 방면에 권위 있는 저자라면 이번 신간은 얼마만큼 깊은 행보를 보이는지, 신인이라면 이 방면에서 어떤 새 물결을 일으킬 인물인지에 초점을 맞춘다.

3. 간결한 건조체

보도자료는 길게 쓸 필요는 없다. 책의 핵심을 간단명료하게 서술한다. 시간에 쫓기는 기자들은 지루하게 긴 문장보다는 핵심을 간결하게 정리한 글을 선호한다.

4. 짧은 책 소개

40자, 200자, 반쪽 정도의 짧은 책 소개는 반드시 필요하다. 이는 보도자료뿐만 아니라 광고나 온오프라인 서점, 우수도서 신청 등 각종 서류 제출 시 활용할 수 있다.

5. 중요 단락 소개

저자의 메시지가 잘 드러나는 중요 단락 몇 개를 소개한 다음 기자들이 인용하기 쉽게 쪽수를 밝힌다.

편집자는 에디터이자 마케터가 돼야

날로 경쟁이 치열해지는 출판 시장

책을 포함해 다양한 콘텐츠들이 엄청난 속도로 늘면서 독자들의 시선을 붙들어야 하는 출판 시장은 경쟁이 더욱 치열해졌다. 그리고 책 한 권이 시장에서 조명되는 시간은 점점 짧아지고 있다.

신간이 오프라인 서점에서 버티는 시간은 얼마나 될까. 신간 코너에 놓였다 별 반응이 없어 책꽂이로 가는 데 2주, 창고에서 2주, 그러고 나서 독자의 반응이 없으면 2주 후에 출판사로 반품된다. 신간에 대한 출판사의 마케팅 기간은 한 달, 길어야 2~3개월에 불과하므로 이 기간 동안 온 힘을 쏟지 않으면 안 된다.

보통 편집자는 1년에 3~5권의 책을 준비하고 펴낸다. 편집도 중요하지만 새 책 출간 후 마케팅을 등한시할 수도 없다. 아무도 관심 갖지 않는 책을 펴낸들 무슨 소용이랴. 물론 자사만의 독특한 아이템인 경우라면 마케팅이라는 부담에서 약간은 놓이겠지만 대부분은 치열한 경쟁 속에서 자사의 제품을 광고하고 홍보해야만 한다. 묵묵히 편집에만 집중하던 때를 지나 이제 내 책은 내가 끝까지 책임진다는 자세가 필요한 때이다.

편집자와 마케터는 신간 제작을 기다리는 동안 마케팅 계획을 세운다. 마케팅에는 다양한 방법이 있지만, 책의 성격과 출판사의 홍보비 지출 능력 등을 감안해 적재적소로 통하는 핀셋 마케팅을 염두에 둔다. 마케팅을 진행하는 도중 생각지 못했던 방법과 매체로 확산되는 일도 자주 일어나므로 편집자는 마케터와 머리를 맞대고 프로모션과 마케팅 전략을 짜고 공유한다. 편집자는 마케터가 원하는 자료나 텍스트를 제때 적극적인 태도로 전달한다.

마케팅은 크게 온오프라인 서점을 통한 마케팅, 소셜미디어를 통한 마케팅, 독자와의 직접적인 소통을 통한 마케팅 등 크게 셋으로 나눌 수 있을 것이다.

온오프라인 서점을 통한 마케팅

출판사의 신간은 서울·부산·대구 등지의 대형 오프라인 서점과 온라인 서점 세 곳에 직접 배본을 하고, 그 밖에는 북센 등 유통회사를 통해 배본한다.

2020년에 출간된 책은 7만여 종에 이른다. 365로 나누면 하루 평균 190여 종의 신간이 쏟아져 나오는 셈이다. 온라인 서점의 작은 화면 속에 떠 있는 신간과 오프라인 서점의 몇 안 되는 평대에 놓이는 신간의 경쟁은 어느 정도일까.

온라인 서점 메인 화면에는 맨 위에서부터 끝까지 내릴 때까지, 배너 광고 속 책을 포함해 예스24, 교보문고, 알라딘 모두 20권 남짓이다.

오프라인 서점은 공간의 한계로 인해 주문을 더욱더 선택적으로 할 수밖에 없다. 그 '분야의 신간'으로 평대에 놓이는 날은 사나흘, 길어야 일주일, 그다음에는 치고 올라오는 신간에 자리를 내주어야 한다. 평대에 놓였던 책은 서가로 꽂히고, 다음에는 서점의 창고로 들어가고, 마지막에는 출판사의 창고로 돌아온다. 별 반응이 없으면 요즘 이 기간은 2~3개월을 넘기지 않는다.

이렇게 보면 각 출판사들의 온오프라인상에서 벌이는 신간 경쟁이 얼마나 심한지 대략 짐작이 될 것이다.

• 온라인 서점

출판사의 신간은 60퍼센트 이상이 온라인 서점에서 구매가 이루어진다. 오프라인 서점이 지닌 공간의 한계, 동네 서점의 연이은 폐업 등으로 이 수치는 날로 증가할 것이다.

온라인 서점에서 하는 마케팅에는 비용을 들이는 방법과 비용을 들이지 않는 방법이 있다. 전자로는 배너 광고를 하는 것, 증정·쿠폰, 할인 이벤트에 참여하는 것 등이, 후자로는 도서정보와 보도자료를 보내 데이터베이스를 먼저 구축한 다음 미리보기 페이지, 카드 뉴스, 상세 이미지, 북트레일러, 저자가 소개하는 동영상 등을 연속으로 올리는 것이다.

온라인 서점의 경우 메인 화면에 오르기는 하늘의 별 따기이다. 유명 저자이거나 사회적인 이슈에 부합되는 책이거나, 해외에서 베스트셀러 출판권을 사와 번역 출간한 도서가 아니라면 쉽지 않다. 그렇다면 각 분야의 메인 노출을 분석해 마케팅의 방향을 잡는 것도 한 가지 방법이다. '이 달의 신간' 'MD가 선정한 인문' '화제의 책' '평점 좋은 책' 등 작은 화면 속에 떠 있는 책은 어떤 것인지 유심히 지켜보아 마케팅에 응용한다.

사회적으로 주목받는 인물, 즉 유명 정치인이나 연예인 등이 저자라면 온라인 서점의 예약판매 제도를 활용한다. 신간 출간 열흘쯤 전에 시작할 수 있는데, 출간날짜를 알려주고 언제쯤부터 예약을 걸어달라고 의뢰한다. 예약판매지수가 수직 상승하고 입소문이 시작되면 베스트셀러로 등극할 확률이 높아진다. 그러나 지수가 너무 낮으면 출간 전부터 MD의 관심이 식어버리는 등 역효과가 나므로 잘 판단하여 시행한다.

온라인 서점의 판매추이는 판매지수로 바로바로 확인되므로 수시로 점검하고, 성별·연령별 판매비율을 확인해 계속 이어갈 마케팅에 활용한다. 즉 20대 여성이 주 구입자라면 그 성향에 맞는 매체를, 40·50대

남성이라면 그 성향에 맞는 매체를 선택해 다각도로 연출을 시도하는 것이다.

• 오프라인 서점

책을 즐겨 읽는 독자들은 아직도 시내 대형 서점이나 동네 서점에서 신간을 만져보고 들여다본 다음 책을 구매한다. 그러므로 출판사에서는 온라인 서점뿐 아니라 오프라인 서점에서도 광고와 마케팅을 적극적으로 펼쳐야 한다.

오프라인 서점에서 하는 마케팅에는 온라인 서점처럼 비용을 들이는 방법과 비용을 들이지 않는 방법이 있다. 전자로는 POP 광고를 하거나 '그 분야'의 평대를 구입해 신간을 알리는 것, 후자로는 보도자료와 신간 요약본을 배포해 데이터베이스를 구축하는 것이다.

서점의 어떤 코너에 진열되기를 노려야 할까. 신간의 ISBN은 국가·발행인·책명을 식별하는 국제표준도서번호 13자리와 부가번호 5자리로 구성된다. 부가번호는 책의 성격을 규정하고, 서점 평대의 위치를 결정하는 중요한 사항이므로 기획을 하고 원고를 쓸 때부터 염두에 두고, 편집과정에서 ISBN을 정할 때는 반드시 마케팅 부서와 의논한다. 에세이로, 인문서로, 자기계발서로 자리를 잘 찾아야 판매가 확실해지기 때문이다. 인문 코너에 놓일 책이 에세이로, 에세이에 놓일 책이 인문 코너에 놓여 판매가 부진해진 경우 등 비슷한 사례가 자주 일어나므로 참조한다.

서점에 진열되는 위치는 서점 자체의 기준에 따라 정해지기도 하지만 출판사 측에서 건의를 해 정해지기도 하므로 우리의 뜻을 전할 필요는 있다. 신간의 카테고리가 인문 서적인지, 에세이인지, 자기계발서인지에 따라 놓이는 위치와 담당 MD가 달라진다. 담당 MD의 성향에 따라서도 노출의 빈도가 달라지므로 영업 담당자에게 세세한 부분까지 물어 메모로 남기고 다음 책을 기획할 때 참조한다.

오프라인 서점의 MD는 하루에 5~10건씩 미팅이 잡힌다. 신간 미팅 시 MD의 이목을 끌면서 명료하게 책을 소개하는 것이 마케터가 할 일이다. 책의 개요를 쓴 문서를 마케터와 같이 들여다보면서 책의 성격을 분명하게 피력하도록 돕는다. 개인 소장용으로 MD에게 증정 도장을 찍은 책을 전달한다면 각별히 관심을 가질 것이다.

출판사의 영업 책임자 중에는 오프라인 서점에서 정기적으로 종합 베스트셀러 20위 순위와 매출액 현황, 베스트셀러 100위 순위와 매출액 현황, 그리고 분야별 이슈 등의 자료를 받기도 한다. 영업 책임자가 건네주면 편집부 내에서 공유하고 신간 기획이나 홍보 시에 참조한다.

소셜미디어를 통한 마케팅

'소셜미디어'란 온라인상에서 개인들이 자신의 생각과 의견, 경험, 정보 등을 서로 공유하고 상호 관계를 형성하거나 이를 확장시킬 수 있는 개방적인 플랫폼을 말한다. 텍스트, 이미지, 동영상 등 다양한 형태의 자료들이 공유된다. 소셜미디어에는 블로그, SNS, 미디어 공유 플랫폼, 팟캐스트, 메시지 보드, 위키피디아 등 정말 다양하다.

이제 소셜미디어를 향한 마케팅은 선택이 아닌 필수이다. 소셜미디어는 모든 산업에서 전방위적으로 활용 중인데, 출판산업에서는 출판사의 브랜드 이미지를 널리 알릴 수 있고, 타깃층의 반응을 바로바로 알아차릴 수 있고, 블로그 등과 연계해 온라인상의 유기적인 연결을 만드는 역할을 기대할 수 있다.

· 출간 전 마케팅

우리 출판사의 블로그나 페이스북, 인스타그램, 네이버 포스트 등에 신간의 편집과 제작 상황을 미리 올린다. 제목과 표지 시안을 올려 독자들에게 의견을 묻거나, 그 결과를 보고하거나, 마침내 제작에 돌입해 언제쯤 나올 거라거나, 언제쯤 서점에서 구매가 가능하다거나 하는 소소한 과정을 바로바로 올려 독자의 관심을 유도한다.

출간 일주일 전부터는 출판사 블로그뿐만 아니라 소셜미디어에 신간 안내를 노출하기 시작한다. 짤막하지만 눈길이 가는 책소개를 디자인적 요소를 가미해 올린다.

출간 전 더 적극적으로 알리고 싶은 신간이라면 오프라인 서점 MD에

게 책소개와 함께 본문을 미리 인쇄한 가제본을 전달하며 책의 특성을
소개하는 방법도 권장할 만하다.

• 출간 후 마케팅

우리 출판사의 홈페이지나 블로그, 각종 출판 인터넷 카페와 네이버
포스트, 페이스북이나 인스타그램, 온라인 매거진에 신간이 출간되었음
을 알린다. 또 A매체에 올린 자료를 B매체, C매체 등으로 연계해 확산
시킨다. 해시태그를 반드시 달아 빠른 속도로 전파시킨다. 불특정 다수
를 상대로 홍보하는 것보다 이처럼 온라인에서 우리 출판사의 독자를
향해 홍보하는 것이 훨씬 낫다. 또 영향력이 날로 커지는 인플루언서의
존재를 활용한다. 인플루언서가 소셜미디어에 정보를 올리면 동서남북
으로 번지는 방사형 홍보가 가능해지기 때문이다. 출간 후 언론 매체에
실린 서평, 온라인 서점 등에 올라온 독자 리뷰를 편집해 2쇄 제작 시
면지에 활용하는 방법을 고려해본다.

독자와의 소통을 통한 마케팅

• 저자 강연을 계획한다

책이 출간되면 저자와 만나 강연 일정을 조율한다. 서점이나 도서관
에서 행할 강연을 몇 군데, 어디서, 어떤 방법으로 할지 결정한다. 우리

출판사에서는 강의료를 얼마로 책정하는지 미리 알린다. 파주의 출판단지에 있는 출판도시인문학당에서는 상하반기 연 2회 강연비를 지원하니 참조하자.

시내 대형 서점을 시작으로 지역의 작은 서점, 강연하기에 알맞은 장소를 잡아 강연을 한다. 도서관에서는 정기적으로 강연이 잡히는데, 주로 책의 저자들을 강연자로 섭외하기에 활용할 가능성이 크다.

줌(Zoom)이라는 플랫폼이 일상화되면서 랜선 북콘서트나 소규모 북토크를 많이 진행한다. 북콘서트는 가능하면 지속적으로 여러 번 시행하고 소셜미디어를 통해 이러이러한 행사가 있다는 소식을 끊임없이 퍼뜨려야 한다. 강연은 동영상으로 촬영해 출판사와 저자의 블로그, SNS 등에 올린다. 오프라인 강의와 동시에 반값으로 온라인 강의를 하는 방법을 선택하는 것도 한 가지 방법이다.

• 독서모임을 주시한다

네이버나 다음의 독서모임 카페, 맘카페, 동네 작은 도서관의 독서모임, 각 지자체 도서관협회의 작은 카페, 각 아파트 단지마다 여는 독서모임 등에 신간 소식을 알리고, 더불어 신간을 읽는 모임을 주선한다.

네이버의 우아페(우리아이책카페), 리앤프리, 책세상, 도치맘(고슴도치맘) 등 서평 카페, 다음의 다음독서클럽, 책과콩나무 등을 주시하자.

· 서평단을 활용한다

출판사의 홈페이지나 블로그를 통해 서평단을 모집해 활용한다. 서평단에는 무료로 책을 보내주고, 그들이 책을 읽고 여러 온라인 매체에 서평을 올리도록 하는 방법이다. 특히 주요 온라인 서점에는 데이터베이스가 등록되면 바로 서평을 올릴 수 있도록 출간 전에 모집을 해야 한다. 소수의 인원이지만 여러 곳에 동시다발적으로 퍼뜨릴 수 있는 장점 때문에 출판사들은 이 방법을 자주 활용한다.

· 북클럽을 운영한다

독자들과 직접 소통할 창구로 북클럽을 운영한다. 국내 몇몇 출판사는 북클럽을 활용 중인데, 회원 100명 내외, 회비 평균 5만 원 선인 가입비로 책과 선물, 강연회 티켓 등을 제공한다. 독자들을 위한 커뮤니티를 운영하는 것은 독자들의 반응을 피부로 느낄 수 있고, 장기적으로 책의 판매에 도움이 되기 때문이다.

투고원고,
옥석 가리는 법

투고원고가 책이 될 확률은?

출판사마다 조금씩 다르지만 역사가 쌓이고 인지도가 높은 곳이라면 하루에도 몇 통씩 투고원고가 들어온다. 그렇게 들어온 원고 중 책이 될 확률은 수백 편 중 한 편꼴이다. 즉 1퍼센트 미만일 정도로 가능성이 희박하다는 뜻이다. 그럼에도 독자들은 왜 출판사에 원고를 보내오는가? 그 희박한 가능성이나마 붙들 수밖에 없기 때문이다. 그럼 출판사는 왜 투고원고를 검토하는가? 우리가 익히 잘 아는 『해리포터』 시리즈를 거론하지 않더라도 간혹 예상치 못한 원고가 출판으로 이어져 히트 상품이 되는 '사건'이 일어나기 때문이다. 투고원고를 잘 살려 1년에 5~6편의 신간을 만들어내는 출판사도 있다.

은퇴 후 시간이 많은 시니어, 경력단절 여성 혹은 남성, 직장을 그만두고 나만의 취미생활로 나만의 길을 잡은 사람, 와인에 진심인 사람,

세계여행을 떠난 사람, 우리 아이에게 책을 잘 읽히는 방법을 개발한 부모, 홈스쿨링에 성공한 부모 등 투고자의 면면은 다양하다.

신입에게는 원고 보는 눈을 키우는 훈련

투고원고는 바로 수익으로 이어지는 업무가 아니기에 편집자끼리 '잡무'라고 부르는데, 대체로 신입편집자가 맡는다. 2~3년 정도 맡다가 후배가 들어오면 넘기는데, 밑으로 신입이 바로 들어와 잡무에서 금방 놓여나는 행운아도 가끔 있다.

업무도 서툰데 끊임없이 들어오는 투고원고를 읽어내야 하는 신입은 참 난감하다. 매일 회사의 대표 메일을 열고 첨부파일을 확인하고 검토하고 답변을 보내는 시간만 해도 수월찮다. 들인 공에 비해 빛이 날 확

률은 아주 미미하다. 또 원고를 신속히 읽어내는 능력도 필요하다. 그럴 때는 전임자의 조언을 듣거나 효율적인 처리 방법을 빨리 찾아야 주 업무에 지장이 가지 않는다. 그러나 투고원고를 읽는 업무는 신입편집자가 원고를 보는 눈을 키우는 훌륭한 훈련 방법이기도 하다. 빠른 시간에 다양한 원고나 아이디어를 검토하며 더 들여다봐야 할지, 적당히 답변하면 될지를 판단할 수 있게 된다. 또 최근 트렌드나 사람들의 관심사를 읽을 수도 있다.

평가 기준을 세운다

투고원고들을 단시간에 읽어야 하는데, 막연히 좋다거나 나쁘다거나 하는 추상적인 기준만으로는 옥석이 가려지지 않는다. 이럴 땐 다음과 같은 기준을 세워 평가한다.

• 우리 출판사에 맞는 장르인가

출판사마다 지향하는 장르가 있고, 주된 독자층이 다 다르다. 원고가 우리 출판사의 성격에 맞는지 먼저 판단한다.

• 신선한 주제인가

새로운 트렌드를 이끌 만한가, 오랫동안 연구해 깊이가 있는가, 저자만의 독특한 시각이 반영된 원고인가를 검토한다.

• 대상 독자가 분명한가

주된 독자층을 머릿속에 그릴 수 있어야 한다. '누구나 읽어야 하는 책'이라는 단서를 단 원고는 무조건 패스한다. 누구나 읽어야 하는 책은 참 모호한 접근이며, 누구도 읽지 않는다면 출간의 의미가 없다.

• 베낀 흔적은 없는가

기존 도서를 베끼거나, 인터넷에서 서핑한 결과물을 교묘히 짜깁기해 제출하기도 한다. 그런 경우 법적 시비로 번질 수도 있으니 유의한다. 어디선가 본 듯한 원고라면 반드시 확인한다. 전자책으로 출간된 적이 있는지도 확인해 법적인 문제가 생기지 않도록 한다.

• 기승전결이 확실한가

원고를 몇 파트로 나누어 논지를 시작하고, 펼치고, 맺고 하는 것이 한눈에 들어오는지 판단한다. 중언부언, 도대체 무슨 이야기를 하려는지, 황당무계한 전개에 실소를 금치 못하게 하는 원고가 의외로 많다.

• 성의가 있는가

출판사 이름만 바꾸어 여기저기 투고하는 사람도 많다. 심한 경우 B출판사에 제출하면서 전에 제출한 적이 있는 A출판사의 이름을 지우지 않고 그대로 투고하는, 너무 성의가 없는 원고도 있다. 최소한 우리 출판사의 성격은 제대로 파악한 투고인지 판단한다.

• 출간 경력이 있는가

출간 경력이 있다면 자료를 검색해 어떤 저자인지 먼저 파악한다. 비슷한 소재나 주제로 다작을 생산하는 저자는 아닌지 살핀다.

• 출간시기가 촉박하지 않은가

출간 가치는 충분한데 투고자는 빠른 출간을 원한다? 우리 출판사에 1년 치 출간계획이 잡혀 있다면 고려해보아야 한다. 정말 원고가 마음에 든다면 저자를 설득하든, 우리 일정을 조율하든 탄력 있게 대처한다.

효율적인 처리 방법을 만든다

• 원고채점표를 만든다

일별의 가치조차 없는 원고는 바로 접는다. 기획회의에 올릴 만하다 싶은 것은 원고에 대한 평가를 수치화한 다음 표로 만들어보면 판단이 빨라진다. 예를 들어, 내용의 신선함 10점 만점, 주제의 선명도 10점 만점, 저자의 필력 10점 만점, 우리 출판사와 성격이 맞다 10점 만점, 40점 만점에 적어도 20점은 넘어야 기획회의 안건으로 올린다, 이렇게 자신만의 기준을 세워놓는다면 평가하는 시간을 단축할 수 있다. 투고원고가 수치화되어 있으므로 기획회의 시 선배들도 한결 평가가 쉬울 것이다.

• 평가서를 작성한다

주저하지 말고 자신이 느낀 그대로 쓴다. 선배들은 작성자가 신입이라는 점을 감안해서 평가서를 검토할 것이다.

• 자신감을 가진다

신입이라고 해서 원고를 보는 눈마저 낮은 건 아니다. 평소 갈고닦았던 실력으로 짤막하게 소감을 피력한다. 옥석을 제대로 가리려면 평소 글을 읽는 힘을 기른다. 정기적으로 서점이나 도서관에 가서 신간을 접하고, 최신 트렌드를 파악하고, 인터넷 서점에 들어가 이슈 있는 도서를 수시로 검색한다. SNS에 주요 출판사나 주요 저자를 연결해 놓고 그들이 올리는 글을 빠짐없이 읽는다. 각 신문사의 주말 북섹션을 눈여겨보는 것도 필요하다.

• 적극적으로 어필한다

출간하고 싶은 원고가 있다면 기획회의 시간에 적극 어필한다. 원고의 장단점은 무엇인지 간단명료하게 발표한다. 신입이기 때문에 객관적인 시선으로 새로운 트렌드를 저항 없이 받아들일 수 있다.

• 심층 자료를 받는다

기획회의에서 후한 평가를 받았다면 경영진에게 최종 심사를 받는다. 출간이 결정되면 투고자에게 약력, 머리말, 차례, 기획의도, 본문 일부를 보내달라고 한다.

투고원고는 정리해서 폴더에 보관

모든 투고원고는 첨부파일과 함께 폴더에 소장한다. 제목, 저자 이름, 도착 날짜, 담당자, 처리 상황 등의 항목 아래 파일을 만들어 관리한다. 이렇게 해두면 후임이 오더라도 인수인계가 쉽고, 투고자가 전화로 진행 상황을 물어와도 언제든 대답할 수 있다.

거절하는 답변은 최대한 정중하게

투고원고를 보낸 이에게 거절하는 답변을 쓸 때는 신중해야 한다. 편집자의 눈에는 부족하다 하더라도 당사자에게는 무엇보다 소중한 원고일 테니까. 또한 오늘은 부족한 저자로 만났지만 원고를 투고할 만큼 우리 회사에 애정을 가지고 있는 예비독자임을 잊어서도 안 된다.

그럼 어떻게 쓰면 효율적일까. 답장의 종류를 A안, B안, C안 식으로 만들어놓고 원고 내용에 알맞은 형식을 골라 답장을 보내는 편집자도 있다. A안이든 B안이든 C안이든 우리 출판사에 대한 애정이 지속되도록 최대한 정중하게 거절하는 답변서를 작성해 보낸다.

합격수기와 앞의 자기소개서를 작성한 사람은 같은 인물이며, 현재 IT 서적 전문출판사에서 근무하고 있다. 합격수기에서는 얼마나 간절히 입사를 원했는지, 어떤 준비를 했는지를 예비편집자들과 공유하고, 서류와 면접을 통과하기 위한 팁을 전하고 있다. 작성자의 원고 그대로 실었으며, 맞춤법과 문장에 손을 대지 않았다.

신입편집자 최종합격까지 7단계 변화

정말 개인적인 경험이지만 최종 합격까지 나의 행동과 감정 변화를 정리해봤다. 짧지 않은 시간을 취업 준비생으로 보내면서, 정말 많은 (돈도 많이 드는) 취업특강과 출판 관련 세미나를 쫓아다녔다. 그런데 (다른 업계도 마찬가지지만) 출판사는 정말 신입을 뽑는 곳이 드물고, 그마저 엄청난 경쟁률을 뚫어야 한다.

북에디터, 퍼블리랜서, 에디톡, 카카오 오픈 채팅방 등등 출판 관련 커뮤니티는 많았지만, 합격수기를 찾기는 쉽지 않았다. 그래서 나의 수기를 보면서 단 한 명이라도 좋으니 예비편집자님이 작은 힘을 얻으시면 좋겠다!

① 한겨레출판학교

'경력 같은 신입'이 되기 위해서 단순하게 책을 얼마나 좋아하는지 어필하기를 넘어서 편집자라면 당연히 알고 있을 실무 지식이 필요하다고 느꼈다.

대학원을 졸업하고 정신 차려보니 이미 sbi(서울출판예비학교)는 지원 기간(3월 초)이 지났다. 게다가 당장 서울에서 지낼 숙소도 구하지 못했다. 그래서 1년에 4번 이상 열리는 한겨레출판학교에 등록했다(수강료에서 한번 멈칫했다. 수강신청이 열리면 선착순으로 마감되기 때문에 생각이 있다면 열리자마자 신청해야 한다. 조금이라도 머뭇거리다가 바로 놓친다. 실제로 한겨레에서 만난 분들 중에 '저번에는 놓쳤는데 이번에 겨우 성공했어요'라고 말씀하시는 분들도 있었다).

차곡차곡 모은 돈을 수강료에 다 부었다. 쓴 돈이 아까워서라도 어떻게든 200% 이상을 활용하고 싶었다(그래서 점심도 항상 대충 셰이크로 먹고, 신문을 보거나 자료정리를 했다). 출판학교에서 2개월 동안 책 한 권을 만드는 경험을 하면서 판형, 신간 기획, 원고검토, 편집계획서 작성 등등 출판의 기본과 편집 레이아웃에 대한 지식을 쌓았다. 한겨레출판학교는 매일매일 학원이 끝나고 집에 돌아와서 할 과제가 많았다. 그래서 주말을 활용해서 강의 내용을 한글 파일로 정리하며 복기했다.

② 국민취업지원제도

최대한 알바를 피하고 싶었다. 코로나 때문에 대면 업무가 많은 단기 알바를 피하고 싶었던 것도 있지만, 알바에 힘을 쏟다가 쓰고 싶은 회사가 있는데 에너지를 쏟지 못할까 봐 모은 돈을 다 쓰고 용돈도 끊길 무렵부터 국민취업지원제도 1유형을 신청했다.

1유형에 선정되면 최대 6개월 동안 월 50만 원의 구직촉진수당을 받으며 취업을 준비할 수 있다. 그래서 나는 앞으로 무조건 6개월 안에 취업한다는 정신적 마감을 가지고 있었다(고향에 계신 부모님께도 "6개월 뒤에 아직도 취업 못했으면 내려갈게요~"라고 말해둔 상태).

여기까지는 한겨레에서 같이 공부한 사람들도 대부분 비슷했던 것 같다.

③ 파주에디터스쿨, 한겨레 출판아카데미의 각종 세미나 등

한겨레출판학교랑 별개로 출판사 편집자 준비를 시작하고 약 2년 동안 파주에디터스쿨, 출판 관련 세미나를 온오프믹스나 관련 기관에서 꾸준히 수강했다. 각종 출판 강의를 무료로 진행하는 것도 있지만 대부분 유료 강의라서 생활비 이외의 준비 비용이 많이 들었다. 하지만 동기부여도 되고, 현장감이 느껴지는 강연들은 충분히 도움이 된다고 생각한다. 진짜 이 길이 내 길인지 강제로 고민하는 효과도 있다(대신 다른 문화생활비는 포기했다. 월 50만 원으로 살아야 하니까요).

④ 기타. 사실은 책값

편집자 준비는 정말 책값이 만만치 않다. 읽고 싶은 신간이나 베스트셀러도 많았다. 근데 개인 사정으로 등본 주소지가 고향집이라 서울에서 공공도서관을 활용하기 쉽지 않았다(코로나 때문에 제한된 개방). 아무리 알라딘 중고서점을 활용해도 책값은 많이 들었다. 그래서 정말 까다로운 마음으로 책을 골랐다.

지극히 개인적인 출판사 취업 준비 7단계 행동 변화
- 신입 출판 편집자가 되기까지

1단계 의욕은 넘치지만 전략은 없다

대망의 한겨레 수료 후, 처음에는 이곳저곳에 신입을 뽑는다면 무조건 지원했다. 출판사는 대부분 자기소개서가 자유형식이다. 처음에는 2페이지 내내 책과 연결된 내 삶이 어땠는지 진정성을 어필하려고 했다. 면접 연락을 받은 곳은 없었다.

2단계 정보의 바다에서 조언 구하기

'편집자 준비생입니다. 출판사에서 어떤 역량을 원하시나요?(속마음: 자기소개서 어떻게 써야 하나요?)'라는 질문을 거의 모든 세미나에서 던졌다. 그때 받은 답변들은, 뭐라고 할까? 당연히 맞는 말인데 당장 어떻게 적용해야 하는지 난감하고 아름다운 답변들이었다(영어자격증은 도움이 될 겁니다. 매일매일 기사를 읽으세요, 고전을 읽으세요, 보도자료를 작성하는 연습을 하세요, 독서모임을 하세요 등등). 모두 맞는 말이었지만…… 흠!(저는 당장 6개월 안에 취업 못하면 고향으로 내려가야 한다고요.)

3단계 친구야, 같이 준비할래?

다른 업계로 취업 준비를 하는 대학, 고등학교 시절 친구들과 자기소개서 피드백을 주고받았다. 같은 직종을 준비하는 친구들은 없었다. 서로를 비교하는 등 크게 스트레스 받지 않고, 추억 속 친구들을 응원하는 마음이 가득했던 시기이다. 그리고 나만 이렇게 헤매는 건 아니구나, 위로받는 시간이었다. 그런데 그 감사한 시간에서 깨달은 것은 결국 이 친구들과 나는 각자 자신의 문제를 알아서 헤쳐 나가야 한다는 것이었다.

4단계 (분노) 편집자의 자질이 뭔데!

시간은 속절없이 흐르고 고향에 내려갈 시간이 얼마 남지 않았다. 전처럼 매일 아침에 사람인에서 오는 메일을 보며 채용공고는 확인하고 있었지만, 이력서에 뭘 더 채워야 하는지 의문이었다(그렇다고 엄청 좋은 학벌이나 자격증 수집가는 전혀 아니다. 단지, 정말 출판 편집자가 된 실무자들이 그 모든 조건을 갖춘 스펙 괴물일까라는 의문 때문에 방황했다).

이 무렵에는 답답한 마음에 매일 아침 한 시간 정도 공원을 걸었다. 기분이 상쾌한 날은 걸으면서 뉴스나 라디오를 들었지만, 마음이 요란할 때는 잔잔한 노래를 들으며 '편집자'라는 직업에 대한 고민을 시작했다. 나, 이거 정말 하고 싶나? 이게 어떤 직업이지? 백 투더 베이직.

5단계 자기소개서를 편집자처럼

생각해보니 서류가 자유형식이다. 이게 힌트가 될 것 같았다. 그래서 그동안 주변에서 들었던 조언들을 생각하지 않고 출판편집자스러운 서류를 만들기로 했다. 핵심 독자(입사담당자)가 원하는 자기소개서를 만들어보자.

- 일단 지루한 어린 시절 파트는 다 삭제했다(내가 담당자라면 지원자의 어린 시절이 궁금하지 않을 것 같았다).
- 신입이라 포트폴리오가 없으니 해당 출판사의 기간 도서를 '편집자의 시선으로' 분석했다(내용보다는 편집기술에 대한 견해를 많이 언급했다. 한겨레출판학교에서 배운 개념들을 많이 활용했다).
- 자기소개서를 한 권의 책을 편집한다는 생각으로 모든 과정에 임했다(출판편집하면 떠오르는 모든 과정을 최대한 적용했다. 첨삭도 컴퓨터로 대충 하지 않고 인쇄물을 빨간 볼펜으로 교정 교열했다).

6단계 서류 합격, 면접 고!

솔직히 면접은 정말 정신없이 지나갔고, 엄청 잘 보이려고 긴장하고 노력했다기보다는 그동안 세미나, 출판 관련 서적, 출판학교, 기사 읽기, 맞춤법 공부 등등 혼자 보낸 시간들이 자연스럽게 질문에 대한 대답이 툭툭 튀어나왔다. 그중에 멋지지 않은 대답도 많았다(말하기 부끄러워서 적을 수 없는 민망한 나의 대답들이 떠오른다. 으으). 그러고 보니 해당 출판사의 기간 도서를 면접 전에 최대한 많이 읽고 가방에 잔뜩 넣고 면접장에 들어갔다. +덧붙이자면, 서류를 준비하면서 당연히 해당 출판사의 책을 여러 권을 봤고, 준비과정에서 진심으로 이 출판사에서 일하고 싶다는 확신이 들었다. 면접 끝나자마자 허겁지겁 집에 와서 가방을 내려놓고 바로 백신 1차 접종을 맞으러 병원으로 향했다. 주사를 맞고 집에 왔는데 긴장이 풀려서 낮잠을 실컷 잤다.

7단계 이틀 뒤, 최종 합격하셨습니다!

밤에 자려고 누웠다가 무심코 누른 메일함에서 합격 메일을 확인했다. 제대로 봤나 몇 번을 확인하다가 룸메이트를 불러서 "나 합격했다⋯⋯"라고 말하고 환호성을 질렀다.

1단계부터 7단계까지, 한 단계를 넘어가는 데 고작 반나절 만에 깨달음을 얻기도 했지만, 제자리걸음을 하며 문제를 회피할 때는 두세 달이 걸리기도 했다. 그래서 길다면 길고 짧다면 짧은 준비 시간이었다. 정리하면서 예전에 공부했던 자료들을 꺼내봤는데, 살짝 울컥한다.

다시 생각해보니, 여러 세미나에서 출판계 관계자님들께서 해주신 조언들(2단계 참고)이 지금도 유효한 정말 중요한 습관들이다.

내가 활용한 자기소개서 방식은 절대적인 정답은 아닐 것이다. 그렇지만 결국 1차 서류 전쟁 속에서 무엇을 더 채워야 할지 스스로 고민한 시간이 있었기에 좋은 결과를 얻었다고 생각한다. 그래서 출판 편집자라는 '업'에 대해 더 진지한 태도를 가질 수 있었다.

다시 생각해봐도 이 직업은 정말 멋지다. 출판계 입사를 준비하시는 예비편집자님들이 이 후기를 읽고 조금이나마 도움을 받으셨으면 좋겠다.

최근 출판사에 합격한 조정빈 씨가 블로그에 올린 글이다. 면접을 위해 어떤 준비를 하고, 어떤 마음가짐으로 면접에 임했는지, 면접장에서는 어떤 질문이 오갔는지 당시의 생생한 분위기를 예비편집자들과 공유하고자 한다.

> **[나의 면접체험기] 철저한 준비, 자신감과 당당함**
>
> 출판인이 되고자 결심한 순간부터 시간이 아주 빠르게 흐르고 있음을 체감한다. 하고 싶은 일과 해야 하는 일의 괴리감이 없다는 것은 내게 축복과도 같이 느껴진다. 최근 그토록 원했던 출판사의 취업에 성공했다. 그래서 나는 나와 같은 출판인 꿈나무분들에게 면접 전 준비했던 것들, 면접 진행방식, 면접 당시의 분위기를 공유하려 한다.
>
> 1차 서류전형 합격 통보를 받고 나서 출판사의 대표님에 대해 조사

를 시작했다. 어쩌면 '뒷'조사라고 할 수 있을 만큼 인터넷을 샅샅이 뒤져 기사를 열람하고, 유튜브를 시청하는 등 가능한 한 모든 자료를 찾아보았다. 또 출판사의 설립 과정과 출판사가 지향하는, 주로 출간하는 책의 분야는 무엇인지 한마디로 정의 내릴 수 있게끔 온라인 플랫폼을 수시로 들어가 분석했다.

편집에 대한 실무 경험은 두 번의 출판사 인턴활동을 통해 배울 수 있었지만 현장에 대한 실질적인 조언, 그리고 면접에 대한 조언이 필요했다. 그래서 지인을 통해 소개받아 알고 지내던 출판계 선배에게 시도 때도 없이 여러 가지 질문을 드렸다.

면접 당일, 달리는 차 안에서 1차 서류면접 때 제출했던 자기소개서를 읽고 또 읽었다. 이상하게도 긴장되지 않았고, '편하게 대화하고 와야지' 하는 마음이 먼저 들었던 것 같다. 다행히 면접은 정말 그렇게 진행되었다.

첫 번째로는 팀장님, 편집자님과 함께 간단하게 이루어졌고 두 번째로는 대표님과 최종 면접을 진행했다. 첫 번째 면접에서는 우리 출판사의 책을 읽어본 경험이 있는지, 포토샵과 일러스트 수행 능력이 있는지, 출판과 관련된 경험이 있는지, 일을 가르쳐주었을 때 습득 능력이 빠른 편인지를 물어보셨다.

두 번째 면접은 대표님 개인 사무실에서 일대일로 진행되었는데, 나의 자기소개서를 감명 깊게 읽었다며 칭찬으로 분위기를 부드럽게 풀어주셨다. 왜 사이버대학교를 졸업했는지, 학과는 왜 청소년상담학과를 나오게 되었는지, 출판에 원래부터 관심이 많았는지, 회사 생활이란 무엇이라고 생각하는지, 자기소개서에 적힌 내용 중 '월급만 받는 직장인으로서의 삶은 살지 않겠다'라는 말은 무슨 뜻인지 등 여러 질문을 하셨다.

그래서 나는 고등학교 때부터 문예창작과에 진학하기를 희망했지만 대학입시제도의 풍파를 맞아 좌절을 맛보고 난 후 재수는 하고 싶지 않았다고 답했다. 그 시간에 차라리 다양한 경험을 하는 것이 스스로 나을 것이라 판단했고 그래서 두 번의 출판사 인턴활동을 할 수 있었다고, 출판에 대한 꿈이 더욱더 커질 수 있었던 좋은 선택이었다고 말했다.

어쩌면 면접에서 중요한 것은 완벽한 겉치레의 말들보다 당당한 태도와 눈 맞춤이라고 생각한다. 내가 그러한 태도로 임할 수 있었던 이유도 가진 것이 하나도 없는 것처럼 느껴져 자신감 없이 축 늘어져 있을 때 언젠가 출판계 선배가 해주신 말씀이 기억나서였을까.

"전형적인 지식인은 가질 수 없지만 네가 가진 것은 무엇일까? 바로 뻔뻔함이야. 원하는 것이 있으면 주저하지 않고 다가가는 바로 그 뻔뻔함. 너는 그걸 가졌잖니!"

출판인 꿈나무분들도 명심했으면 한다. 망설이지 말고, 주저하지 말고, 뻔뻔하게. 출판계에서 다 함께 마주하는 그날까지 모두 취업에 성공하길 바란다.

참고문헌

출판·편집에 대한 책

강윤정, 『문학책 만드는 법』, 유유, 2020.

강희일, 『한국출판의 이해』, 다산출판사, 2017.

고미영 외, 『편집자의 일』, 북노마드, 2020.

고정기, 『편집자의 세계』, 페이퍼로드, 2021.

김도영, 『기획자의 독서』, 위즈덤하우스, 2021.

김류미, 『소셜미디어 시대의 출판 마케팅』, 한국출판마케팅연구소, 2015.

김준호, 『모든 책들의 기획 노트』, 투데이북스, 2013.

김진섭, 『책 잘 만드는 책』, 두성북스, 2019.

김학원 외, 『편집자로 산다는 것』, 한국출판마케팅연구소, 2012.

추천 김학원, 『편집자란 무엇인가』, 휴머니스트, 2020.

대한출판문화협회 편집부, 『2021 한국출판연감』, 대한출판문화협회, 2021.

메리 노리스 지음, 김영준 옮김, 『뉴욕은 교열 중』, 마음산책, 2018.

추천 박찬수, 『만만한 출판제작』, 한국출판마케팅연구소, 2014.

박찬수, 『출판 경영』, 한국출판마케팅연구소, 2017.

배경희, 『출판편집의 시작』, 투데이북스, 2021.

배수원 외, 『편집자를 위한 출판수업』, 투데이북스, 2017.

사사키 도시나오 지음, 한석주 옮김, 『전자책의 충격』, 커뮤니케이션북스, 2010.

열린책들 편집부 엮음, 『열린책들 편집 매뉴얼 2022』, 열린책들, 2022.

이기성·고경대, 『출판개론』, 서울엠, 2004.

이나이즈미 렌 지음, 최미혜 옮김, 『이렇게 책으로 살고 있습니다』, 애플북스, 2018.

이승훈, 『출판저작권 첫걸음』, 북스페이스, 2016.

이시우, 『출판 고수 정리노트』, 투데이북스, 2017.

이시우, 『출판제작 가이드북』, 투데이북스, 2017.

추천 이옥란, 『편집자 되는 법』, 유유, 2019.

이지은, 『내 인생도 편집이 되나요?』, 달, 2021.

추천 정민영, 『편집자를 위한 북디자인』, 아트북스, 2015.

정은숙 외, 『출판편집자가 말하는 편집자』, 부키, 2009.

정은숙, 『편집자 분투기』, 바다출판사, 2004.

추천 최현우, 『출판사가 OK하는 책쓰기』, 한빛미디어, 2020.

텐묘 시게루 지음, 이신애 옮김, 『손익분기점을 배우자』, 거름, 2003.

홍성수, 『손익분기점 500% 활용법』, 21세기북스, 1994.

우리말에 대한 책

국립국어원, 『국립국어원 가나다전화에 물어보았어요』, 휴먼컬처아리랑, 2015.

국립국어원, 『한글 맞춤법』, 휴먼컬처아리랑, 2014.

김남미, 『100명 중 98명이 틀리는 한글 맞춤법 1~3』, 나무의철학, 2015.

추천 김정선, 『끝내주는 맞춤법』, 유유, 2021.

김정선, 『내 문장이 그렇게 이상한가요?』, 유유, 2016.

박용찬, 『세상 모든 글쓰기 7-외래어 표기법』, 랜덤하우스코리아, 2007.

추천 박태하, 『책 쓰자면 맞춤법』, xbooks, 2015.

추천 변정수, 『한판 붙자, 맞춤법!』, 뿌리와이파리, 2019.

이금희, 『우리, 편하게 말해요』, 웅진지식하우스, 2022.

추천 이오덕, 『우리글 바로쓰기 1~5』, 한길사, 2009.

임무출 엮음, 『우리말 달인 잡는 문제집 1~4』, 다산초당, 2011.

정희창, 『세상 모든 글쓰기 6-우리말 맞춤법 띄어쓰기』, 랜덤하우스코리아, 2007.

조항범, 『정말 궁금한 우리말 100가지』, 예담, 2009.

이 책에 대한 정보

- 집필준비: 2021년 7~8월, 원고 집필방향 논의, 자료조사(2개월).
- 집필기간: 2021년 9월~2022년 8월(1년).
- 편집기간: 2022년 9월~2022년 12월 15일, 본문 교정 및 표지 디자인(3.5개월).
- 제작기간: 2022년 12월 16일~12월 26일, 인쇄·제본(10일).
- 원고 매수: 200자 원고지 700매
- 판형: 국판. 140×210mm
- 본문 판면: 101×155mm, 위 여백 25mm, 아래 여백 15mm, 왼쪽 여백 17mm, 오른쪽 여백 22mm
- 본문 스타일: 본문 서체는 고운바탕, 10.5pt, 장평 100%, 자간 -20, 행간 22pt, 장제목은 평창평화, 절제목은 G마켓산스
- 표지 스타일: 제목은 평창평화, 부제는 G마켓산스
- 종이: 본문 100g 백색 모조, 표지 250g 스노우화이트, 면지 120g 한솔매직칼라 뉴크림색
- 인쇄 도수: 본문 2도(먹 1도+별색 1도[Dic 2591s]), 표지 4도 컬러
- 표지 후가공: 유광코팅
- 인쇄처: 표지는 용프린팅, 본문은 한승문화
- 제본처: 바다제책
- 출간분야: 메인-인문학〉서지/출판〉출판/편집
  서브-인문학〉책읽기/글쓰기
- 홍보방향: 편집자 교육기관, 각 대학교 출판미디어학과 혹은 인문계열, 북튜버, 출판 인플루언서

　편집자가 쓴 편집자 책을 내가 편집하다니…… 그것도 35년 경력자의 책을……. 이런 날이 올 줄은 정말 몰랐습니다. 그리고 솔직히 말하자면 제가 이렇게 편집자로 오래 일할 줄도 몰랐습니다. 어느새 13년 차의 경력자가 되었거든요. 그럼에도 늘 책 만드는 일은 어렵고 아직도 부족하다고 느낍니다. 이 책을 편집하면서 또 한 번 생각했습니다. 책 만드는 일은 쉽지 않다고요. 그러면서도 왜 계속하고 있느냐고 묻는다면, 책을 만드는 것이 가치 있는 일이라고 여기기 때문입니다. 정말이지, 책에 대해서는 진심입니다. 잘 만들고 싶어요.

　이 책을 처음부터 끝까지 읽었다면, 책 만드는 공정이 상당히 어렵다는 것을 느낄 것입니다. 그뿐인가요. 책을 만들면서 수많은 어려운 문제를 만나기도 합니다. 여러 번 열심히 교정을 봤는데도 오타가 나와 얼굴이 달아오르는 것은 정말 작은 일이지요. 내가 좋아하는 책만 편집할 수 없고, 책을 만드는 일이 아닌 다른 일로 상처받을 때도 있는 등 다양한 문제 때문에 괴롭기도 합니다. '나, 편집자 계속할 수 있을까?' 이런 생각들이 문득문득 들기도 했습니다. 그러나 그 순간에도 책 마감은 있었고, 그때마다 내가 세워놓은 단 하나의 원칙을 되새겼습니다. '책만 생각하자. 나 자신에게 부끄러운 책은 만들지 말자.' 그러려면 편집자가 하는 모든 일에 있어 허투루 하면 안 되었습니다. 기획, 교정부터 보도자료를 쓰고 출간이 되기까지 다양한 일을 할 때 고민 또 고민해야 했습니다.

제가 첫 회사에 다닐 때부터 출판 시장이 어렵다는 얘기는 줄곧 들었습니다. 그럼에도 저는 좋은 선배를 만나 제대로 가르침을 받았고 그때의 가르침이 지금까지 책을 만드는 데 큰 도움이 되고 있습니다. 반면 요즘은 출판사에서 신입을 뽑지도 않을뿐더러, 신입이 들어와도 각자도생해야 하는 상황입니다. 편집자 되기 참 힘든 요즘, 하나하나 세세하게 가르쳐줄 선배는 없지만 이 같은 책이 있다는 것은 다행입니다. 이 책을 집어 든 분이라면, 적어도 책을 잘 만들고 싶다는 고민을 가지고 있으리라 짐작됩니다. 그 마음에 이 책이 뼈대가 되길, 그래서 여러분이 편집자로서 더 날개를 펼 수 있었으면 좋겠습니다!

그림 그리는 편집자
유혜림

예비편집자 생존 매뉴얼

편집자가 되기로 했습니다

35년 베테랑이 전하는 강력한 첨삭지도

초판 1쇄 펴낸날 2023년 1월 15일

지은이 배경진
펴낸이 서상미
펴낸곳 책이라는신화

기획이사 배경진 권해진
기획 이지은
책임편집 유혜림
디자인 김설아
홍보 문수정 오수란
관리 이연희

출판등록 2021년 12월 22일(제2021-000188호)
주소 경기도 파주시 문발로 119, 306호(문발동)
전화 031-955-2024　**팩스** 031-955-2025
블로그 blog.naver.com/chaegira_22
포스트 post.naver.com/chaegira_22
인스타그램 @chaegira_22
유튜브 책이라는신화 채널
전자우편 chaegira_22@naver.com